Skandinavische Weihnachtsgeschichten

Ob Norwegen, Dänemark, Finnland oder Schweden, jedes Land im hohen Norden hat seine eigenen Traditionen – und natürlich seine eigenen Geschichten, die in der Winter- und Weihnachtszeit im Kreise der Familie gelesen und vorgelesen werden. In Schweden sind es die Geschichten Selma Lagerlöfs, die von Traumpfannenkuchen oder vom Luciatag erzählen. In Norwegen gehört das Märchen vom *Kätzchen auf Dovre* zum weihnachtlichen Vorleseschatz, während man sich in Finnland die Sage von dem Rentierjäger Lippo und seiner Begegnung mit dem wunderlichen Greis Tapio erzählt. Und in Dänemark dürfen natürlich Hans Christian Andersens Geschichten vom *Schneemann* und vom *Tannenbaum* nicht fehlen. Aber auch zeitgenössische Autorinnen und Autoren haben ihren Teil zur skandinavischen Weihnachtsliteratur beigetragen, wie der Norweger Levi Henriksen und die Dänin Gerd Rindel.

Skandinavische Weihnachtsgeschichten

RECLAM

Inhalt

Es war Winterszeit, die Luft kalt, der Wind scharf,
aber hinter Tür und Riegel war es warm und gemütlich.

Hans Christian Andersen, *Das Schneeglöckchen*

Hans Christian Andersen

Der Schneemann

»Ah wie das in mir knackt, so wunderbar kalt ist es!«, sagte der Schneemann. »Der Wind beißt einem so richtig Leben ein! Und die Glotzerin da, ah wie die glotzt!«, es war die Sonne, die er meinte; sie ging gerade unter. »Die kriegt mich nicht zum Blinzeln, ich kann meine Brocken noch bei mir behalten!«

Es waren zwei große, dreieckige Dachziegelbrocken, die er als Augen hatte; der Mund war ein Stück von einer alten Harke, darum hatte er Zähne.

Er war unter den Hurrarufen der Jungen zur Welt gekommen und begrüßt worden vom Schellenklang und Peitschenknall von den Schlitten.

Die Sonne ging unter, der Vollmond ging auf, rund und groß, klar und schön in der blauen Luft.

»Da haben wir sie ja schon wieder, von der anderen Seite her!«, sagte der Schneemann. Er meinte, es wäre die Sonne, die sich wieder zeigte. »Das mit dem Glotzen hab ich ihr abgewöhnt! jetzt kann sie da hängen und Licht machen, damit ich mich selber sehen kann. Wenn ich nur wüsste, wie man es anstellt, sich von der Stelle zu bewegen! ich würde mich so gern von der Stelle bewegen! wenn ich das könnte, würde ich jetzt unten auf dem Eis Schlittschuh laufen, wie es die Jungen gemacht haben; aber ich weiß nicht, wie man läuft!«

»Weg! weg!«, kläffte der alte Kettenhund; er war etwas heiser, das war er schon, seit er ein Haushund gewesen war und unterm Kachelofen gelegen hatte. »Die Sonne wird dir das Laufen schon beibringen! ich hab's bei deinem Vorgänger gesehen, im letzten Jahr, und bei seinem Vorgänger auch; weg! weg! und weg sind sie alle!«

»Ich versteh dich nicht, Kamerad!«, sagte der Schneemann; »soll etwa der da oben mir das Laufen beibringen?« Er meinte den Mond; »ja die von vorhin ist allerdings gelaufen, als ich sie starr angeguckt habe, jetzt schleicht sie sich von hinten wieder heran!«

»Du hast keine Ahnung!«, sagte der Kettenhund, »aber dich haben sie ja auch gerade erst zusammengekleistert! Was du da jetzt siehst, nennt man Mond, und was weggegangen ist, war die Sonne, morgen früh kommt sie wieder und bringt dir schon noch das Laufen bei, geradewegs in den Wallgraben. Wir kriegen anderes Wetter, das fühle ich in meinem linken Hinterbein, das zieht so. Wir kriegen anderes Wetter!«

»Ich versteh ihn nicht!«, sagte der Schneemann, »aber es kommt mir vor, als wäre es was Unangenehmes, was er sagt. Und diese, die da so geglotzt hat und untergegangen ist, die er Sonne nennt, die ist auch nicht meine Freundin, das hab ich im Gefühl!«

»Weg! weg!«, kläffte der Kettenhund, drehte sich dreimal um sich selber und legte sich dann in seinem Haus schlafen.

Es kam wirklich anderes Wetter. Ein Nebel, ganz dick und klamm, legte sich am frühen Morgen über die ganze Gegend; im Morgengrauen frischte es auf; der Wind war so eisig, der Frost packte richtig zu, aber was war es für ein Anblick, als die Sonne aufging! Alle Bäume und Sträucher waren von Raureif überzogen; es war ein ganzer Wald aus weißen Korallen, es war, als wären alle Zweige mit leuchtend weißen Blüten bestreut. Die unendlich vielen und feinen Verästelungen, die man im Sommer vor lauter Blättern nicht sieht, kamen nun alle, alle zum Vorschein; es war wie geklöppelte Spitzen und ganz schimmernd weiß, als strömte ein weißer Glanz aus jedem Zweig. Die Hängebirke bewegte sich im Wind, es war Leben in ihr wie in den Bäumen des Sommers; es war eine unvergleichliche Schönheit! und als die Sonne dann schien, nein wie funkelte das Ganze, als wäre es mit Diamantenstaub bepudert und als glitzerten die großen Diamanten hin über die Schneedecke der ganzen Erde, man hätte auch glauben können, dass unzählige winzige Lichtlein angezündet wären, weißer noch als der weiße Schnee.

»Das ist eine unvergleichliche Schönheit!«, sagte ein junges Mädchen, das mit einem jungen Mann in den Garten hinaustrat und gerade beim Schneemann stehen blieb, von wo aus sie zu den glitzernden Bäumen hinaufsahen. »Etwas Schöneres bekommt man im Sommer nicht zu sehen!«, sagte sie, und ihre Augen strahlten.

»Und so einen Kerl wie den hier gibt's dann schon gar nicht!«, sagte der junge Mann und zeigte auf den Schneemann. »Der ist großartig!«

Das junge Mädchen lachte, nickte dem Schneemann zu und tanzte dann mit ihrem Freund über den Schnee, das knirschte unter ihnen, als liefen sie über gestärkte Laken.

»Wer waren denn die beiden?«, fragte der Schneemann den Kettenhund; »du bist länger auf dem Hof als ich, kennst du die?«

»Das tu ich!«, sagte der Kettenhund. »Sie hat mich ja gestreichelt, und er hat mir einen Knochen mit Fleisch dran gegeben; die beiß ich nicht!«

»Aber was sind das hier für Leute?«, fragte der Schneemann.

»Verrr–liebte!«, sagte der Kettenhund. »Die ziehen in ihre Hundehütte und nagen die Knochen zusammen ab. Weg! weg!«

»Sind die zwei genauso bedeutend wie du und ich?«, fragte der Schneemann.

»Die gehören ja zur Herrschaft!«, sagte der Kettenhund; »aber man weiß ja so wenig, wenn man erst gestern zur Welt gekommen ist! das merk ich dir schon an! Ich habe das Alter und die Erfahrung, ich kenne alle hier auf dem Hof! und ich habe eine Zeit gekannt, da stand ich noch nicht hier draußen in der Kälte in Ketten; weg! weg!«

»Kälte ist herrlich!«, sagte der Schneemann. »Erzähl, erzähl! aber du darfst nicht so mit den Ketten rasseln, dann knackt es in mir!«

»Weg! weg!«, kläffte der Kettenhund. »Welpe war ich; klein und süß, sagten alle, da lag ich in einem Samtsessel da drin im Herrenhaus, lag bei der obersten Herrschaft im Schoß; kriegte Küsse aufs Maul und die Pfoten gewischt, mit einem gestickten Taschentuch; ich hieß ›der Schönste‹ und ›Butzi-tatzi‹, aber dann wurde ich ihnen zu groß! da gaben sie mich der Haushälterin; ich kam in den Keller! Du kannst hineinsehen von da aus, wo du stehst; du kannst in die Kammer gucken, in der ich die Herrschaft war; das war ich nämlich bei der Haushälterin. Das war wohl ein schlechterer Platz als ein Stockwerk höher, aber dafür gemütlicher; ich wurde nicht ständig von Kindern gedrückt und herumgetragen wie oben. Ich hatte genauso gutes Futter wie vorher, nur viel mehr! ich hatte mein eigenes Kissen, und dann war da ein Kachelofen, das war zu der Zeit der schönste auf der ganzen Welt! ich kroch so tief darunter, dass ich ganz verschwunden war. Oh, von dem Kachelofen träum ich immer noch; weg! weg!«

»Sieht ein Kachelofen so schön aus?«, fragte der Schneemann. »So wie ich?«

»Der ist genau das Gegenteil von dir! pechschwarz ist der! er hat einen langen Hals mit einer Messingtrommel. Der frisst Brennholz, bis ihm das Feuer aus dem Mund schlägt. Man muss sich etwas seitlich davon halten, dicht dran und unten drunter, das ist eine unendliche Gemütlichkeit! Du müsstest ihn eigentlich durchs Fenster sehen können, von da wo du stehst!«

Und der Schneemann sah, und wirklich sah er einen blankpolierten Gegenstand mit Messingtrommel; das Feuer leuchtete unten heraus. Dem Schneemann wurde es ganz wunderlich zumute; er hatte ein Gefühl, das er sich selber nicht erklären konnte; es überkam ihn etwas, das er nicht kannte, das aber alle Menschen kennen, sofern sie keine Schneemänner sind.

»Und warum hast du sie verlassen?«, fragte der Schneemann. Er hatte das Gefühl, es müsste ein weibliches Wesen sein. »Wie konntest du bloß so einen Platz verlassen?«

»Dazu war ich sozusagen gezwungen!«, sagte der Kettenhund, »sie haben mich rausgeworfen und mich hier angekettet. Ich hatte den jüngsten Junker in die Haxe gebissen, weil er mir die Haxe weggestoßen hatte, an der ich gerade kaute; und Haxe um Haxe, denke ich! aber das haben sie übel aufgenommen, und seit der Zeit steh ich hier in Ketten, und meine klare Stimme hab ich auch verloren, hör nur, wie heiser ich bin: weg! weg! das war das Ende vom Lied!«

Der Schneemann hörte nicht mehr zu; er schaute fortwährend in den Keller der Haushälterin, hinunter in ihre gute Stube, wo der Kachelofen auf seinen vier Eisenbeinen stand und genauso groß zu sein schien wie der Schneemann selber.

»Das knackt so sonderbar in mir!«, sagte er. »Werde ich denn nie da hineinkommen? das ist ein unschuldiger Wunsch, und unsere unschuldigen Wünsche müssen doch bestimmt in Erfüllung gehen. Das ist mein größter Wunsch, mein einziger Wunsch, und es wäre beinahe ungerecht, wenn der nicht in Erfüllung ginge. Ich muss da hinein, ich muss mich zu ihr hinunterbeugen, und wenn ich dabei das Fenster eindrücke!«

»Da kommst du niemals rein!«, sagte der Kettenhund, »und kommst du zum Kachelofen, dann bist du weg! weg!«

»Ich bin ja schon so gut wie weg!«, sagte der Schneemann, »ich glaub, ich breche durch!«

Den ganzen Tag stand der Schneemann da und schaute zum Fenster hinein; in der Dunkelheit wurde die Stube noch einladender; vom Kachelofen leuchtete es so milde herüber, wie der Mond nicht leuchtet und die Sonne schon gar nicht, nein, wie nur ein Kachelofen leuchten kann, wenn etwas in ihm steckt. Wenn sie die Türe auf- und zumachten, schlug die Lohe heraus, das war so eine Angewohnheit; dann glühte es im weißen Gesicht des Schneemanns richtig rot auf, es leuchtete rot bis hinunter zur Brust.

»Ich halt das nicht aus!«, sagte er. »O wie gut ihr das steht, wenn sie die Zunge herausstreckt!«

Die Nacht war sehr lang, aber nicht für den Schneemann, er stand in seine eigenen schönen Gedanken versunken, und die froren, dass es knackte.

Am frühen Morgen waren die Kellerfenster zugefroren, sie trugen die schönsten Eisblumen, die man als Schneemann nur verlangen konnte, aber sie verbargen den Kachelofen. Das Fensterglas wollte nicht abtauen, er konnte sie nicht sehen. Das knackte, das knirschte, das war ein Frostwetter ganz nach dem Geschmack eines Schneemanns, aber es machte ihm keinen Spaß; er könnte und sollte sich so glücklich fühlen, aber er war nicht glücklich, ihn hatte die Kachelofensehnsucht gepackt.

»Das ist eine schlimme Krankheit für einen Schneemann!«, sagte der Kettenhund; »mich hat's auch ein bisschen erwischt, aber ich hab's überstanden! weg! weg! – Und jetzt kriegen wir anderes Wetter!«

Und es kam anderes Wetter, es schlug in Tauwetter um.

Das Tauwetter nahm zu, der Schneemann nahm ab. Er sagte kein Wort, er klagte nicht, und das ist das richtige Zeichen.

Eines Morgens fiel er um. Da ragte etwas wie ein Besenstiel in die Luft, wo er gestanden hatte, daran hatten die Jungen ihn aufgebaut.

»Jetzt versteh ich das mit seiner Sehnsucht!«, sagte der Kettenhund, »der Schneemann hatte einen Ofenschaber im Leib! das war es, was sich in ihm gerührt hat, jetzt ist das überstanden; weg! weg!«

Und bald war auch der Winter überstanden.

»Weg! weg!«, kläffte der Kettenhund; aber die kleinen Mädchen auf dem Hof sangen:

»Waldmeister komm! und dufte schön,
Du Weide lass die Kätzchen sehn,
Komm Lerche, sing, denn dieses Jahr
Ist Frühling schon im Februar!

Ich singe mit, kuckuck! piep-piep!
Komm schein auf uns, du Sonne lieb!«

Da denkt keiner an den Schneemann!

Aus dem Dänischen übersetzt von Heinrich Detering

Selma Lagerlöf

Die Legende vom Luciatag

Vor vielen hundert Jahren lebte im südlichen Värmland eine reiche und habgierige alte Frau, die Frau Rangela genannt wurde. Sie besaß an der schmalen Mündung der Bucht, die der Vänern tief ins Land schiebt, eine Burg, oder vielleicht sollten wir lieber von einem befestigten Hof sprechen. Dort hatte sie eine Brücke bauen lassen, die wie eine Zugbrücke über den engen Sund gesenkt werden konnte. Bei dieser Brücke hatte Frau Rangela eine Wache aus Knechten aufgestellt, und für Reisende, die den verlangten Wegzoll entrichteten, ließ die Wache sofort die Brücke herunter. Den anderen jedoch, die aus Armut oder aus irgendeinem anderen Grund nicht bezahlten, blieb die Brücke versperrt, und da es keine Fähre gab, mussten sie einen Umweg von vielen Meilen um die ganze Bucht herum machen.

Frau Rangelas Versuch, auf diese Weise den Reisenden ihr Geld abzunehmen, erregte großen Zorn, und sicher hätten die trotzigen Bauern, die ihre Nachbarn waren, sie schon längst gezwungen, ihnen freien Durchlass zu gewähren, wenn Frau Rangela nicht in Herrn Eskil von Börtsholm, dessen Ländereien an ihre grenzten, einen mächtigen Freund und Beschützer gehabt hätte. Dieser Herr Eskil, der eine echte Burg mit Mauern und Türmen bewohnte, der so reich war, dass seine gesamten Grundstücke eine ganze Provinz ausmachten, der gefolgt von sechzig bewaffneten Dienern durch das Land ritt und der noch dazu der vertraute Berater des Königs war, der war nicht nur ein guter Freund von Frau Rangela, sondern sie hatte ihn zudem zu ihrem Schwiegersohn machen können, und unter diesen Umständen war es nicht verwunderlich, dass niemand wagte, die gierige Dame bei ihren Unternehmungen zu stören.

Jahr um Jahr machte Frau Rangela unangefochten so weiter, bis ein Ereignis eintraf, das sie sehr beunruhigte. Ihre arme

Tochter starb ganz unerwartet, und Frau Rangela wusste ja, dass jemand wie Herr Eskil, mit acht minderjährigen Kindern und einer Hofhaltung, die sich mit der eines Königs vergleichen ließ, alsbald eine neue Ehe eingehen würde, zumal er noch kein alter Mann war. Aber wenn die neue Gattin Frau Rangela feindlich gesinnt wäre, würde das zu argen Unannehmlichkeiten führen. Für Frau Rangela war es fast wichtiger, mit der Herrin auf Börtsholm befreundet zu sein als mit deren Gatten, denn Herr Eskil, der allerlei wichtige Geschäfte zu versehen hatte, war immer wieder auf Reisen, und in diesen Zeiten schaltete und waltete seine Gattin in Haus und Hof.

Frau Rangela überlegte sich die Sache gut, und als die Beerdigung überstanden war, ritt sie eines Tages nach Börtsholm hinüber und suchte Herrn Eskil in seinem Privatgemach auf. Dort erinnerte sie ihn als Erstes an seine acht Kinder und die Fürsorge, die diese benötigten, an seine zahllosen Dienstboten, die versorgt, ernährt und gekleidet werden mussten, an die Gastmahle, zu denen er, ohne zu zögern, auch Könige und Königssöhne einlud, an die großen Erträge, die er aus seinen Ländereien, seinen Feldern, seinen Jagdgründen, seinen Bienenstöcken, seinen Hopfenfeldern und seinen Teichen zog, welch reiche Ernte auf dem Herrenhof erwirtschaftet und verarbeitet werden musste, an alles, mit einem Wort, wofür seine Gattin verantwortlich gewesen war, und zeichnete damit ein überaus beängstigendes Bild der großen Schwierigkeiten, die ihm nach dem Verlust selbiger Gattin drohten.

Herr Eskil lauschte mit der Ehrerbietung, die man seiner Schwiegermutter schuldet, aber auch mit einer gewissen Unruhe. Er fürchtete, Frau Rangela wolle sich als Haushälterin auf Börtsholm anbieten, und er war sicher, dass diese alte Frau mit dem Doppelkinn und der Hakennase, der rauen Stimme und dem bäurischen Betragen für ihn durchaus keine angenehme Gesellschaft sein würde.

»Lieber Herr Eskil!«, sagte nun Frau Rangela, die sich über

diese mögliche Wirkung ihrer Rede durchaus im Klaren sein mochte. »Ich weiß, dass es Euch an Möglichkeiten zu einer überaus vortrefflichen Heirat nicht fehlt, aber ich weiß auch, dass Ihr reich genug seid, um mehr an das Wohlergehen Eurer Kinder zu denken als an Mitgift und Erbe, und deshalb wollte ich Euch vorschlagen, eine meiner jungen Nichten zur Nachfolgerin meiner Tochter zu machen.«

Herrn Eskils Miene hellte sich sichtlich auf, als er hörte, dass seine Schwiegermutter ihm eine junge Verwandte zuführen wollte, und Frau Rangela versuchte mit wachsender Zuversicht, ihn zu einer Heirat mit Lucia zu bewegen, der Tochter ihres Bruders, des Richters Sten Folkesson, die im kommenden Winter am Luciatag achtzehn Jahre alt sein würde. Die junge Lucia war bei den frommen Frauen im Kloster Riseberg erzogen worden und hatte dort nicht nur gute Sitten und strenge Gottesfurcht, sondern auch die Führung eines herrschaftlichen Haushaltes gelernt.

»Wenn Jugend und Armut ihr nicht im Wege stünden«, sagte Frau Rangela, »so müsstet Ihr Euch für sie entscheiden. Ich weiß, dass meine verstorbene Tochter ihr frohen Herzens die Fürsorge für ihre Kinder überlassen hätte. Sie braucht nicht aus dem Grab zu ihren Kleinen zurückzukehren, wie Frau Dyrit von Örehus, wenn Ihr die junge Lucia zur Stiefmutter ihrer Kleinen macht.«

Herr Eskil, der noch gar keine Zeit gehabt hatte, um über seine eigenen Angelegenheiten nachzudenken, war Frau Rangela überaus dankbar, als sie ihm eine so passende Heirat vorschlug. Er erbat sich zwar zwei Wochen Bedenkzeit, ernannte aber Frau Rangela schon am nächsten Tag zu seiner Brautwerberin. Und sobald es überhaupt möglich war, was Ausstattung, Hochzeitsvorbereitungen und Anstand betraf, wurde Hochzeit gefeiert, so dass die neue Herrin im zeitigen Frühling, einige Monate nach ihrem achtzehnten Geburtstag, ihren Einzug auf Börtsholm hielt.

Wenn Frau Rangela nun bedachte, welch großen Dank diese Nichte ihr schuldig war, da sie sie zur Herrin einer reichen und stattlichen Burg gemacht hatte, können wir uns vorstellen, dass sie sich noch sicherer fühlte als zu der Zeit, da ihre eigene Tochter dort regierte. In ihrer Freude erhöhte sie den Brückenzoll und untersagte den Nachbarn aufs Strengste, die Reisenden im Boot über den Sund zu setzen, damit sich ja niemand der Zahlung entziehen konnte.

Es begab sich nun eines schönen Tages, als Frau Lucia seit einigen Monaten auf Börtsholm wohnte, dass eine Gruppe von kranken Pilgern auf dem Weg zur Dreifaltigkeitskirche von Sätra im Västmanland die Brücke überqueren wollte. Diese Menschen, die sich auf den Weg gemacht hatten, um ihre Gesundheit zurückzuerlangen, waren daran gewöhnt, dass die Anwohner des Pilgerweges alles taten, um ihnen die Wanderung zu erleichtern, und eher wurde ihnen Geld geschenkt, als dass sie welches ausgeben mussten. Frau Rangelas Brückenwächtern jedoch war streng befohlen worden, keinerlei Nachgiebigkeit zu zeigen, schon gar nicht dieser Art von Wanderern gegenüber, die Frau Rangela für weniger krank hielt, als sie vorgaben, und von denen sie glaubte, dass sie aus purer Vergnügungssucht durch das Land streunten.

Als den Kranken der freie Übergang verweigert wurde, brachen sie in ein Wehklagen sondergleichen aus. Die Lahmen und Krüppel zeigten auf ihre unbrauchbaren Glieder und fragten, wie jemand so hart sein könne, von ihnen zu verlangen, dass sie ihre Wanderung um eine ganze Tagesreise verlängerten, die Blinden fielen auf die Knie und versuchten, zu den Brückenwächtern zu kriechen, um denen die Hände zu küssen, während die Freunde und Verwandten der Kranken, die ihnen auf der Pilgerfahrt beistanden, vor den Augen der Wächter Taschen und Beutel umstülpten, um zu zeigen, dass diese wirklich leer waren.

Aber die Männer ließen sich nicht erweichen, und die Verzweiflung der Armen kannte keine Grenzen, als zu ihrem Glück die Herrin auf Börtsholm mit ihren Stiefkindern durch die Bucht gerudert kam. Als sie die Aufregung bemerkte, eilte sie hinzu, und sowie sie erfahren hatte, worum es ging, rief sie:

»Dem lässt sich nun wirklich sehr leicht abhelfen. Die Kinder gehen jetzt an Land, um ihre Großmutter, Frau Rangela, zu besuchen, und in dieser Zeit werde ich die kranken Wanderer in meinem Boot über den Sund setzen.«

Wächter und Kinder, die wussten, dass mit Frau Rangela bei ihrem geliebten Brückenzoll nicht zu spaßen war, versuchten mit Mienen und Gebärden, die junge Frau zu warnen, aber die begriff nicht oder wollte nicht begreifen. Denn die junge Lucia war ein ganz anderer Mensch als ihre Verwandte Frau Rangela. Schon als kleines Kind hatte sie die heilige sizilianische Jungfrau Lucia, ihre Namenspatronin, geliebt und verehrt und sie als Vorbild in ihrem Herzen thronen lassen. Die Heilige hatte deshalb ihr ganzes Wesen mit Licht und Wärme erfüllt. Das zeigte sich schon in ihrem Äußeren, das von solch leuchtender Durchsichtigkeit und Feinheit war, dass man sie anzurühren sich nicht vorstellen konnte.

Mit vielen freundlichen Worten brachte sie nun die Kranken über den Sund, und als die letzten am ersehnten Ufer an Land gesetzt worden waren, überschütteten alle Pilger Lucia dermaßen mit Segenswünschen, dass, wenn solche Güter ebenso schwer wie bedeutsam wären, ihr Boot gesunken wäre, noch ehe sie den Sund hätte überqueren können.

Die Segenssprüche und guten Wünsche konnte sie dann auch brauchen, denn nun begriff Frau Rangela, dass sie von ihrer Nichte keine Hilfe zu erwarten hatte, und sie bereute bitterlich, sie zu Herrn Eskils Gemahlin gemacht zu haben. Sie, die mit solcher Leichtigkeit die arme Jungfrau erhöht hatte, beschloss, sie aus ihrer hohen Stellung zu reißen und sie in die frühere Bedeutungslosigkeit zurückzustoßen, ehe sie noch größeren Schaden anrichten konnte.

Um ihre Nichte in Sicherheit zu wiegen, verbarg sie jedoch bis auf weiteres ihre bösen Absichten und besuchte sie recht häufig auf Börtsholm. Dort gab sie sich alle Mühe, um zwischen dem Gesinde und der jungen Herrin Zwietracht zu säen. Aber zu ihrer großen Überraschung gelang ihr das durchaus nicht. Das mag teilweise darauf beruht haben, dass Frau Lucia trotz ihrer Jugend ihr Haus in guter Ordnung hielt, aber der eigentliche Grund war wohl der, dass Kinder und Dienstboten längst bemerkt hatten, dass die neue Herrin unter mächtigem himmlischen Schutz stand, der ihre Widersacher bestrafte und allen, die ihr bereitwillig und gut dienten, ungeahnte Vorteile bescherte.

Frau Rangela sah bald ein, dass sie auf diese Weise nichts ausrichten konnte, aber sie wollte die Hoffnung nicht aufgeben, bevor sie auch bei Herrn Eskil einen Versuch unternommen hatte. Der verbrachte diesen Sommer jedoch vor allem am Königshof, wo ihn lange und anstrengende Verhandlungen festhielten. Wenn er ab und zu für zwei Tage nach Hause kam, befasste er sich vor allem mit seinen Vögten und Wildhütern. Den Frauen auf Börtsholm schenkte er nur eine zerstreute Aufmerksamkeit, und wenn Frau Rangela zu Besuch kam, ging er ihr aus dem Weg, und sie konnte ihn nur selten unter vier Augen sprechen.

Eines schönen Sommertages, als Herr Eskil sich auf Börtsholm aufhielt und mit seinem Stallvogt in seinem Privatgemach saß, ertönte auf der Burg jedoch so lautes Geschrei, dass er das Gespräch mit dem Vogt abbrach, um sich eilends nach dem Grund des Lärms zu erkundigen.

Und er fand seine Schwiegermutter, Frau Rangela, die vor dem Burgtor auf ihrem Pferd saß und ärger schrie als eine Horneule.

»Eure armen Kinder«, rief sie. »Sie sind in Seenot geraten. Sie kamen heute Morgen zu meinem Ufer gerudert, aber auf dem Heimweg ist ihnen das Boot voll Wasser gelaufen. Ich habe von zu Hause aus gesehen, in welcher Not sie waren, und bin hergeritten, um Euch zu warnen. Ich sage Euch auch, obwohl Eure Gattin die Tochter meines Bruders ist, dass sie schlecht beraten war, die Kinder allein mit einem so schlechten Kahn losfahren zu lassen. Das sieht wahrlich aus wie ein Stiefmutterstreich.«

Herr Eskil ließ sich kurz beschreiben, wo die Kinder sich befanden, und eilte, gefolgt vom Vogt, zu den Booten. Aber sie waren noch nicht weit gekommen, als sie Frau Lucia sahen, die mit der ganzen Kinderschar den steilen Pfad vom See nach Börtsholm hochstieg.

Die junge Herrin hatte die Kinder diesmal nicht begleitet, sondern sich zu Hause ihren Aufgaben gewidmet. Doch dann glaubte sie, eine Warnung ihrer mächtigen himmlischen Schutzpatronin zu vernehmen, und ganz plötzlich hatte sie die Burg verlassen, um nach den Kindern zu suchen. Da hatte sie gesehen, wie die Kinder winkend und rufend versuchten, vom Ufer her Hilfe zu holen. Sie war in ihrem eigenen Boot losgerudert und hatte die Kinder in letzter Minute aus dem sinkenden Fahrzeug retten können.

Als Frau Lucia und ihre Stiefkinder nun den Strandpfad hochwanderten, war Lucia so damit beschäftigt, die Kinder danach auszufragen, wie sie in diese Notlage geraten waren, dass sie Herrn Eskil gar nicht bemerkte. Aber er, dem Frau Rangelas Worte über den Stiefmutterstreich zu denken gegeben hatten, gab eilig seinem Vogt ein Zeichen und trat mit ihm hinter einen der wilden Rosensträucher, die, groß und mächtig, fast den ganzen Hang unterhalb von Börtsholm bedeckten.

Dort hörte Herr Eskil die Kinder berichten, dass sie in einem guten Boot von zu Hause losgefahren waren, aber während sie Frau Rangela besucht hatten, war dieses Boot durch ein altes, morsches ersetzt worden. Sie hatten das erst bemerkt, als sie bereits auf den See hinausgerudert waren und das Wasser von allen Seiten her ins Boot lief, und ganz sicher wären sie verloren gewesen, wenn ihre liebe Frau Mutter ihnen nicht so rasch zu Hilfe gekommen wäre.

Offenbar ahnte Frau Lucia, was es mit diesem Bootstausch auf sich hatte, denn sie blieb totenbleich und mit Tränen in den Augen mitten am steilen Hang stehen und presste die Hände aufs Herz. Die Kinder umdrängten sie, um sie zu trösten. Sie sagten, ihnen sei doch nichts passiert, aber Frau Lucia blieb hilflos und unbeweglich stehen.

Nun schoben die beiden ältesten Stiefsöhne, zwei kräftige Burschen von vierzehn und fünfzehn, ihre Hände zu einer kleinen Sänfte zusammen und trugen sie den Hang hoch, während die jüngeren lachend und händeklatschend folgten.

Als die kleine Schar im Triumph zwischen den blühenden Rosen nach Börtsholm hinaufzog, blieb Herr Eskil nachdenklich stehen und schaute Frau und Kindern hinterher. Die junge Frau war ihm so lieblich und seltsam strahlend vorgekommen, als sie an ihm vorbeigetragen wurde, und vielleicht bedauerte er, dass Würde und Alter es ihm untersagten, sie in seinen Armen zur Burg hinaufzutragen.

Vielleicht überlegte sich Herr Eskil in diesem Augenblick auch, wie brüchig das Glück sein kann und wie viele Scherereien er sich im Dienste der hohen Herrschaften einhandelte, während vielleicht an seinem eigenen Herd Friede und Freude seiner harrten. An diesem ganzen Tag blieb er jedenfalls nicht mehr in seinem Privatgemach, sondern verbrachte die Zeit damit, sich mit seiner Gattin auszusprechen und den Kindern beim Spielen zuzusehen.

Frau Rangela sah das alles voller Unwillen und verließ Börtsholm, so schnell der Anstand das gestattete. Niemand wagte ernsthaft, ihr zu unterstellen, sie habe das Leben ihrer Enkelkinder aufs Spiel gesetzt, um Frau Lucia bei ihrem Herrn und Gemahl in Ungnade zu stürzen, und deshalb wurde der freundschaftliche Verkehr nicht beendet, und sie konnte sich weiterhin alle Mühe geben, die junge Burgherrin um ihre hohe Stellung zu bringen.

Lange schienen der alten Frau diese Versuche zu misslingen, denn Frau Lucias gutes Herz und ihr tadelloses Verhalten sowie ihre himmlische Schutzpatronin machten sie für alle Angriffe unerreichbar. Doch im Herbst ließ sich die Nichte dann zu Frau Rangelas großer Freude auf eine Unternehmung ein, die Herr Eskil wohl kaum billigen würde.

In diesem Jahr war auf Börtsholm eine derart reiche Ernte eingefahren worden, die die des vergangenen Jahres und überhaupt alle Ernten seit Menschengedenken übertraf. Auch Jagd und Fischerei waren doppelt so ertragreich gewesen wie sonst. Die Bienenstöcke liefen vor Honig und Wachs über wie die Hopfenfelder vor Hopfen. Die Kühe schenkten Milch in Strömen, die Wolle der Schafe wurde lang wie Gras, und die Schweine wurden so fett, dass sie sich kaum noch bewegen konnten. Alle auf der Burg bemerkten diesen Segen, und sofort hieß es, dass er wegen der jungen Frau Lucia über Haus und Hof gekommen sei.

Doch während man sich auf Börtsholm nun alle Mühe gab, die guten Gaben des Jahres einzuholen und zuzubereiten, zog eine große Menge von notleidenden Menschen herbei, die alle behaupteten, vom östlichen oder nordöstlichen Ufer des großen Sees Vänern gekommen zu sein. Sie schilderten mit vielen Tränen in den Augen und verzweifelten Gesten, wie ihr ganzes Dorf von einem feindlichen Heer verwüstet worden war, das mordend, plündernd und brandschatzend durch das Land zog. Die Kriegsknechte hatten in ihrer Bosheit sogar das noch nicht geerntete Korn abgebrannt und alles Vieh fortgetrieben. Die Menschen, die mit dem Leben davongekommen waren, mussten ohne Dach über dem Kopf und ohne Lebensmittel dem Winter entgegensehen. Manche hatten sich auf das Betteln verlegt, andere versteckten sich in den Wäldern, wieder andere wanderten über die Brandstätten, ohne irgendeine Arbeit verrichten zu können, voller Trauer um alles, was sie verloren hatten.

Als Frau Lucia von diesem Leid hörte, fand sie den Anblick der vielen Lebensmittel, die sich jetzt auf Börtsholm aufhäuften, unerträglich. Am Ende wurde der Gedanke an die hungernden Menschen auf dem anderen Seeufer so übermächtig, dass sie kaum noch einen Bissen an die Lippen führen konnte.

Jeden Tag dachte sie an die Geschichten, die im Kloster vorgelesen worden waren, über heilige Männer und Frauen, die sich bis auf den bloßen Leib ausgeplündert hatten, um den Armen und Leidenden zu helfen. Und vor allem dachte sie daran, wie ihre eigene Namenspatronin, die heilige Lucia von Syrakus, in ihrem Mitleid mit einem jungen Heiden, der sie wegen ihrer schönen Augen liebte, diese Augen aus ihren Höhlen gerissen und sie ihm blutig und erloschen geschenkt hatte, um ihn von dieser Liebe zu heilen, denn sie war eine christliche Jungfrau, die ihm nicht gehören konnte. Diese Erinnerungen quälten und ängstigten die junge Frau so sehr, und sie verachtete sich, da sie von der großen Not hören konnte und doch keinen ernstlichen Versuch unternahm, dieser abzuhelfen.

Als sie sich noch mit diesen Gedanken herumquälte, kam eine Nachricht von Herrn Eskil, der mitteilte, er müsse im Dienste des Königs nach Norwegen reisen und werde erst um die Weihnachtszeit wieder nach Hause kommen. Aber dann werde er nicht nur von seinen eigenen sechzig Männern begleitet werden, sondern auch von einer großen Schar von Freunden und Verwandten, und deshalb bat er Frau Lucia, ein großes und lange dauerndes Gastmahl vorzubereiten.

An dem Tag, an dem Frau Lucia also erfuhr, dass ihr Mann im Herbst nicht nach Hause kommen würde, beschloss sie, sich von der Angst zu befreien, die sie schon so lange quälte. Sie befahl ihren Leuten, alle auf Börtsholm angehäuften Lebensmittel ans Ufer zu schaffen. Dann wurde der Wintervorrat der Burg auf Boote und Nachen geladen, sicher zum großen Erstaunen der Burgbewohner.

Als Keller und Scheunen geleert waren, begab sich Frau Lucia mit ihren Kindern und ihren Dienern und Dienerinnen an Bord eines gutbemannten Schiffes, und während sie auf Börtsholm nur einige alte Wächter zurückließ, ließ sie sich mit ihrem gesamten Eigentum auf den großen See hinausrudern, der uferlos wie ein Meer vor ihr lag.

Über Frau Lucias Reise gibt es viele alte Sagen und Aufzeichnungen. Es heißt, dass der Teil des Vänernufers, an dem der Feind am ärgsten gewütet hatte, von seinen Bewohnern fast verlassen worden war. Frau Lucia kam recht mutlos dort an und hielt Ausschau nach Anzeichen von Leben, aber kein Rauch stieg zum Himmel auf, kein Hahn krähte und keine Kuh brüllte.

Doch in einer Gemeinde lebte noch ein alter Geistlicher, der Herr Kolbjörn genannt wurde. Er hatte seine Pfarrkinder nicht begleiten wollen, als die aus ihren zerstörten Häusern geflohen waren, denn Pfarrhof und Kirche waren voller Verwundeter. Bei denen war er geblieben, hatte ihre Wunden gepflegt und das wenige, was er selbst noch hatte, unter sie verteilt, ohne sich Ruhe oder Essen zu gönnen. Dann hatte an einem der düstersten Herbsttage, als schwere Wolken über den See streiften, als das Wasser sich zu schwarzen Wogen aufbäumte und die Düsterkeit der Natur Hoffnungslosigkeit und Not noch vergrößerte, der arme Herr Kolbjörn, der keine Messe mehr lesen konnte, versucht, an der Schnur der Kirchturmglocke zu ziehen, um damit Gottes Erbarmen auf seine Kranken herabzurufen. Und siehe! Kaum war der erste Glockenton verhallt, da näherte sich eine kleine Flotte aus Schiffen und Booten dem Ufer. Und aus einem Schiff stieg eine schöne junge Frau mit einem von Licht durchschimmerten Gesicht. Vor ihr gingen acht prachtvolle Kinder, und hinter ihr folgte eine lange Reihe von Bediensteten, die mit Lebensmitteln aller Art beladen waren: gebratenen Kälbern und Schafen, langen Spießen mit trockenen Brotfladen, Gefäßen mit Getränken und Säcken voll Mehl. Wie durch ein Wunder war im letzten Moment Hilfe gekommen.

Nicht weit von Herrn Kolbjörns Kirche, auf einer Landzunge, die scharf in den See hineinragte und Saxudden genannt wurde, lag seit langer Zeit ein alter Bauernhof. Der war nun abgebrannt und ausgeplündert worden, aber der Besitzer, ein Mann von zweiundsiebzig Jahren, liebte seinen Hof so sehr, dass er es nicht über sich gebracht hatte, diesen zu verlassen. Bei ihm geblieben waren seine alte Frau, ein kleiner Enkel und eine Enkelin. Sie hatten sich durch Fischen am Leben gehalten, aber der Sturm hatte eines Nachts ihr Boot zerstört, und seither saßen sie zwischen den Trümmern und warteten auf den Hungertod. Als sie noch warteten, dachte der Bauer an seinen Hund, der zwischen ihnen lag und zu verschmachten drohte. Er riss ein Stück Holz an sich, und mit letzter Kraft schlug er auf den Hund ein, um ihn zu vertreiben, denn der Hund sollte doch nicht aus Gründen sterben, mit denen er nichts zu tun hatte. Bei dem Schlag bellte der Hund laut und rannte fort. Die ganze Nacht strich er heulend um den Hof herum. Und er war weit draußen auf dem See zu hören, und noch ehe der Tag gekommen war, ging Frau Lucia, die das Gebell gehört hatte, mit Rettung und Hilfe an Land.

Noch weiter entfernt lag ein kleines von einer Mauer umgebenes Haus, in dem heilige Frauen wohnten, die Gott versprochen hatten, dieses Haus niemals zu verlassen. Diese frommen Schwestern waren von den Kriegsknechten so weit geschont worden, dass sie oder ihr Haus nicht zu Schaden gekommen waren, ihr gesamter Wintervorrat war ihnen allerdings genommen worden. Das Einzige, was ihnen geblieben war, war ein Taubenschlag voller Tauben, und diese hatten sie nacheinander geschlachtet, bis nur noch eine übrig war. Diese Taube indes war sehr zahm, und die frommen Frauen liebten sie so sehr, dass sie nicht ihr eigenes Leben durch das der Taube verlängern wollten, deshalb öffneten sie ihren Käfig und schenkten ihr die Freiheit. Nun stieg die weiße Taube zu den Wolken hoch, danach flog sie herab und setzte sich auf den Dachfirst. Als jedoch Frau Lucia auf dem Wasser vorüberkam und nach jemandem Ausschau hielt, der Hilfe brauchte, sah sie die Taube und wusste, dass es dort, wo die Taube war, auch Menschen geben musste. Und Frau Lucia ging an Land und schenkte den frommen Frauen so viel zu essen, wie sie für den Winter brauchten.

Noch weiter im Süden hatte am Vänernufer ein Marktflecken gelegen, der jetzt ausgeplündert und verbrannt war. Nur die langen Stege, an denen sonst die Schiffe angelegt hatten, waren noch vorhanden. Unter den Stegen hatte sich in den Tagen der Verwüstung ein Mann, der Krämer Lasse genannt wurde, mit seiner Frau versteckt, und während über ihnen die Schlacht tobte, hatte die Frau ein Kind geboren. Seither war sie so krank, dass sie nicht hatte fliehen können, und der Mann war bei ihr geblieben. Ihr Elend war sehr groß, und jeden Tag bat die Frau ihren Mann, sie zu verlassen, aber das brachte er nicht über sich. Nun versuchte sie eines Nachts, aus ihrem Versteck zu kriechen und mit dem Kind ins Wasser zu gehen, denn sie dachte, wenn sie erst tot wären, könnte der Mann sein Leben retten. Aber das Kind schrie im kalten Wasser laut auf, und der Mann erwachte. Er holte beide wieder an Land, aber das Kind war so verängstigt, dass es die ganze Nacht lang schrie. Und das Geräusch wurde über das Wasser getragen und holte die Helfer, die suchend und wartend auf dem See umherruderten.

Solange sie noch Gaben hatte, fuhr Frau Lucia vor dem Vänernufer hin und her, und ihr war dabei so froh und leicht ums Herz wie nie zuvor. Denn während es nichts Schlimmeres gibt, als still und untätig zu bleiben, wenn man von Leid und Unglück der anderen hört, so schenkt es das größte Glück und eine wunderbare Ruhe, wenn man zumindest versucht zu helfen. Diese Erleichterung und Freude, ohne irgendeine Ahnung, dass ihr Böses bevorstehen könnte, verspürte sie noch immer, als sie spätabends vor dem Luciatag nach Börtsholm zurückkehrte. Bei dem Abendessen, das nur aus einigen Bechern Milch bestand, sprach sie mit ihren Reisegefährten über ihre Reise, und alle waren der Meinung, niemals schönere Tage verbracht zu haben.

»Aber jetzt wartet viel Arbeit auf uns«, sagte dann die Herrin. »Morgen werden wir den Lucientag nicht wie sonst mit Speis und Trank feiern. Wir müssen ohne Unterlass brauen und schlachten und backen, damit bei Herrn Eskils Heimkehr das Weihnachtsmahl bereitet ist.«

Das sagte die junge Frau ohne die geringste Sorge, denn sie wusste ja, dass ihr Stall und ihre Scheunen und Speicher voller Gottesgaben waren, auch wenn noch nichts davon in menschliche Nahrung verwandelt worden war.

So glücklich die Reise auch gewesen war, sie waren doch alle erschöpft und begaben sich zeitig zur Ruhe. Aber kaum hatte Frau Lucia ihre Augen geschlossen, da hörte sie vor der Burg das Dröhnen von Pferdehufen, das Klirren von Waffen und das Hallen von Rufen. Das Burgtor bewegte sich knirschend in den Angeln, das Pflaster des Hofes wurde von eifrigen Füßen betrampelt. Nun wusste sie, dass Herr Eskil mit seiner Reiterschar nach Hause gekommen war.

Eilig sprang Frau Lucia auf, um ihm entgegenzugehen. Als sie sich notdürftig angekleidet hatte, lief sie auf die Galerie hinaus, um über die Treppe auf den Burghof zu gelangen. Aber sie kam nicht weiter als bis zur obersten Treppenstufe, denn schon stand Herr Eskil mitten auf der Treppe und wollte zu ihrer Kammer.

Ein Fackelträger lief vor ihm her, und im Lichtschein glaubte Frau Lucia zu sehen, dass Herrn Eskils Gesicht in entsetzlicher Wut verzerrt war. Für einen Moment hoffte sie, das rote rauchgeschwärzte Licht der Fackel mache sein Gesicht so düster und drohend, aber als sie sah, wie Kinder und Diener mit ängstlicher Miene und gesenkten Blicken zurückwichen, musste sie sich eingestehen, dass ihr Mann überaus zornig heimgekehrt war, um Gericht zu halten und Strafen zu verhängen.

Während Frau Lucia noch auf Herrn Eskil hinabblickte, entdeckte er auch sie, und mit wachsender Angst sah sie, dass sein Gesicht sich zu einem gezwungenen Lächeln verzog.

»Kommt Ihr nun, holde Gattin, um mir eine Willkommensmahlzeit anzubieten?«, spottete er. »Aber diesmal habt Ihr Euch diese liebe Mühe vergebens gemacht, denn ich und meine Mannen haben unsere Abendmahlzeit bei Eurer Verwandten Frau Rangela eingenommen. Morgen jedoch«, fügte er hinzu, und nun überkam ihn der Zorn, und er schlug mit der Faust auf das Treppengeländer, »erwarten wir, dass Ihr zu Ehren Eurer Namenspatronin, Sancta Lucia, uns mit einem Frühstück empfangt, so gut, wie dieses Haus es überhaupt liefern kann, und Ihr dürft auch nicht vergessen, mir beim ersten Hahnenschrei meinen Morgentrunk zu kredenzen.«

Die junge Burgherrin brachte kein Wort heraus. Wie schon im Sommer, als ihr zum ersten Mal der Verdacht gekommen war, Frau Rangela könne Böses gegen sie im Schilde führen, stand sie da, mit Tränen in den Augen und die Hände aufs Herz gepresst. Denn es lag doch auf der Hand, dass Frau Rangela Herrn Eskil so früh nach Hause gerufen hatte, um ihn gegen seine Frau aufzustacheln, indem sie ihm erzählte, was Frau Lucia mit seinem Eigentum angestellt hatte.

Aber Herr Eskil stieg zwei Stufen höher, und ohne sich von der Angst seiner Gattin auch nur im Geringsten erweichen zu lassen, beugte er sich zu ihr vor und sprach mit fürchterlicher Stimme:

»Beim Kreuze unseres Herrn, Frau Lucia, lasst Euch das gesagt sein, wenn dieses Frühstück mir nicht gefällt, werdet Ihr es bis an das Ende Eurer Tage bereuen.«

Damit legte er eine schwere Hand auf die Schulter seiner Gattin und schob sie vor sich her ins Schlafgemach.

Auf dieser Wanderung ins Schlafzimmer erschien es Frau Lucia, als sei etwas, das ihr bisher auf seltsame Weise verborgen gewesen war, plötzlich offenbart worden. Sie erkannte, dass sie selbstherrlich und unbedacht gehandelt hatte und dass Herr Eskil durchaus Grund haben konnte, ihr zu zürnen, da sie, ohne ihn zu fragen, über sein Eigentum verfügt hatte. Sie versuchte also jetzt, da sie allein waren, ihm das voller Reue zu sagen und ihn für ihre jugendliche Torheit um Vergebung zu bitten, aber er ließ sie nicht zu Wort kommen.

»Legt Euch zu Bett, Frau Lucia«, sagte er, »und steht morgen früh ja zeitiger auf als sonst! Wenn Euer Morgentrunk und Euer Willkommensmahl nicht zu meiner Zufriedenheit ausfallen, dann liegt vor Euch ein Weg, für den Ihr alle Eure Kräfte benötigen werdet.«

Mit dieser Antwort musste sie sich zufrieden geben, auch wenn ihre Angst nur noch größer wurde, und wir können ja verstehen, dass sie in dieser Nacht kein Auge mehr zumachte. Sie dachte immer wieder daran, was ihr Mann gesagt hatte, und je länger sie über seine Worte nachdachte, umso klarer wurde ihr, dass er eine schreckliche Drohung gegen sie ausgesprochen hatte. Bestimmt hatte er beschlossen, sie erst zu verurteilen, wenn er sich davon überzeugt hätte, dass sie sich so schlimm verhalten hatte, wie Frau Rangela das behauptete. Aber wenn sie ihn nicht befehlsgemäß bewirten könnte, wartete eine entsetzliche Strafe auf sie. Das Mindeste wäre dann wohl, dass sie für unwürdig befunden werden würde, noch länger seine Gemahlin zu sein, dann würde sie zu ihren Eltern heimgeschickt werden, doch aus seinen letzten Worten glaubte sie zu verstehen, dass er dazu noch vorhatte, sie wie eine schnöde Diebin zwischen seinen Männern Spießruten laufen zu lassen.

Als sie sich das alles vorgestellt hatte – übrigens zu Recht, denn Frau Rangela hatte Herrn Eskil wirklich in einen wahnsinnigen Zorn versetzt –, zitterte Frau Lucia, sie klapperte mit den Zähnen und wähnte sich dem Tode nah. Sie wusste, dass sie die Stunden der Nacht nutzen musste, um Hilfe und Auswege zu finden, aber ihre furchtbare Angst lähmte sie, und deshalb blieb sie bewegungslos liegen. »Wie soll ich denn morgen früh meinen Herrn und seine sechzig Männer bewirten«, sagte sie sich hoffnungslos. »Da kann ich auch gleich still liegen bleiben und warten, bis das Unglück über mich hereinbricht.«

Das Einzige, was sie zu ihrer Rettung tun konnte, war, Stunde um Stunde brennende Gebete an die heilige Lucia von Syrakus zu richten.

»Ach, heilige Lucia, meine geliebte Namenspatronin«, betete sie, »morgen ist der Tag, an dem du den Märtyrertod erlitten hast und ins himmlische Paradies eingegangen bist. Erinnere dich daran, wie düster und kalt und hart es hier auf Erden war! Komm in dieser Nacht zu mir und hol mich fort von hier. Komm und schließe meine Augen im Schlaf des Todes. Du weißt, dass ich nur so Schande und grausamer Bestrafung entrinnen kann.«

Während sie auf diese Weise die heilige Lucia um Hilfe anflehte, verging die Nacht, und der gefürchtete Morgen rückte näher. Lange ehe sie damit gerechnet hatte, ertönte der erste Hahnenschrei, die Knechte, die sich um das Vieh kümmern mussten, liefen über den Burghof zu ihrer Arbeit, und die Pferde richteten sich wiehernd in ihren Ställen auf.

Jetzt erwacht auch Herr Eskil, dachte Lucia. Er wird mir sofort befehlen, seinen Morgentrunk zu bringen, und ich werde gestehen müssen, dass ich so töricht gehandelt habe, dass ich ihm weder Met noch Bier aufwärmen kann.

In diesem Moment der höchsten Gefahr für die junge Burgherrin konnte ihre himmlische Freundin, die heilige Lucia, die ja wusste, dass ihr Schützling sich nur durch allzu große Barmherzigkeit falsch verhalten hatte, dem Wunsch, ihr beizustehen, nicht länger widerstehen. Der irdische Leib der Heiligen, der seit vielen Jahrhunderten in den engen Grabkammern der Katakomben von Syrakus geruht hatte, wurde plötzlich von einem lebendigen Geist erfüllt, gewann seine Schönheit und den Gebrauch seiner Glieder wieder, hüllte sich in ein aus Sternenlicht gewebtes Gewand und begab sich dann abermals in die Welt hinaus, in der Lucia einst gelitten und geliebt hatte.

Und nur wenige Augenblicke später sah der verdutzte Torwächter auf Börtsholm ein Wunder, eine Feuerkugel, die weit hinten im Süden auftauchte. Die Kugel reiste schneller, als das Auge ihr folgen konnte, kam auf Börtsholm zu, schoss so dicht an dem Wächter vorbei, dass sie ihn fast gestreift hätte, und war dann verschwunden. Aber auf diesem Feuerball, glaubte der Wächter zumindest, reiste eine junge Frau, die sich mit den Zehenspitzen aufstützte, die Arme hob und gleichsam spielend und tanzend das glühende Fahrzeug lenkte.

Fast im selben Moment sah die in Angst und Beben wachende Frau Lucia einen Schimmer, der durch einen Türspalt in ihr Schlafgemach drang. Und als die Tür gleich darauf geöffnet wurde, trat zu ihrem Erstaunen und ihrer Freude eine schöne Jungfrau, gewandet in Kleider so weiß wie Sternenlicht, ins Zimmer. Ihre langen schwarzen Haare waren zu einer Girlande gebunden, aber daran saßen keine Blätter und Blüten, sondern kleine blinkende Sterne. Diese Sterne erleuchteten die ganze Kammer, und doch schien es Frau Lucia, dass ihr Licht sich nicht mit dem in den Augen der schönen Fremden vergleichen lassen könnte, denn die waren nicht nur vom klarsten Glanz, sondern strahlten zudem himmlische Liebe und Barmherzigkeit aus.

In ihrer Hand hielt die fremde Jungfrau eine große Kupferkanne, der ein milder Duft nach edlem Traubensaft entströmte, und damit schwebte sie durch die Kammer zu Herrn Eskil, goss etwas Wein in eine kleinere Schale und bot ihm zu trinken an.

Herr Eskil, der gut geschlafen hatte, erwachte, als das Licht über seine Augenlider huschte, und führte die Schale an seine Lippen. In seinem schlaftrunkenen Zustand begriff er kaum mehr von dem Wunder, als dass der Wein, der ihm angeboten wurde, überaus wohlschmeckend war, und er leerte die Schale bis auf den letzten Tropfen.

Aber dieser Wein, bei dem es sich kaum um einen anderen handeln konnte als den edlen Malvasier, die Ehre des Südens und die Krone aller Weinsorten, war dermaßen einschläfernd, dass Herr Eskil, kaum hatte er die Schale zurückgestellt, auch schon auf sein Lager zurücksank. Und im selben Moment schwebte die schöne heilige Jungfrau aus dem Zimmer und ließ Frau Lucia in einem Zustand aus bebender Verwunderung und frisch erwachter Hoffnung zurück.

Die holde Helferin begnügte sich aber nicht damit, nur Herrn Eskil zu bewirten. An dem dunklen, kalten Wintermorgen schwebte sie durch die düsteren Säle der schwedischen Burg und bot jedem einzelnen der schlafenden Kriegsknechte eine Schale vom freudenspendenden Wein des Südens an.

Allen, die tranken, kam es vor, als hätten sie himmlische Wonnen gekostet. Und alle versanken sofort in einen Schlaf, erfüllt von Träumen von Gefilden, in denen ewiger Sommer und ewiges Sonnenlicht herrschten.

Frau Lucia aber hatte gerade erst die lichte Offenbarung verschwinden sehen, als Angst und Hoffnungslosigkeit, die sie die ganze Nacht gequält hatten, ganz einfach in tausend Stücke zersprangen. Sie zog sich eilig an und rief danach das gesamte Gesinde zur Arbeit.

An diesem langen Wintermorgen bemühten sich sodann alle, Herrn Eskils Willkommensmahlzeit zuzubereiten. Junge Kälber, Schweine, Gänse und Hühner mussten in aller Eile ihr Leben lassen, Teig wurde angesetzt, unter Kochtöpfen und in Backöfen wurde Feuer geschürt, Kohl wurde gebräunt, Rüben wurden geschält, und zum Nachtisch wurde Honigkuchen gebacken.

Die Tische im Festsaal wurden mit Damasttüchern bedeckt, die teuren Wachskerzen wurden aus tiefen Truhen geholt, und auf den Bänken wurden blaue Federpolster und Decken ausgelegt.

Während dieser ganzen Vorbereitungen schliefen der Burgherr und seine Leute. Als Herr Eskil endlich aufwachte, sah er am Stand der Sonne, dass bereits die Mittagsstunde gekommen war. Er staunte nicht nur über seinen langen Schlaf, sondern vielleicht noch mehr darüber, dass der Zorn, der ihn am Vorabend gequält hatte, durch diesen Schlaf verflogen war. Seine Gattin hatte sich ihm in den Träumen des Morgens mit großer Milde und Schönheit gezeigt, und er staunte über sich selbst, weil er sie zu einer harten und schändlichen Strafe hatte verurteilen wollen.

Vielleicht ist es ja doch nicht so schlimm, wie Frau Rangela mir einreden wollte, dachte er. Ich kann sie zwar nicht als meine Gattin behalten, wenn sie mein Eigentum verschleudert hat, aber es muss Strafe genug sein, sie zu ihren Eltern zurückzuschicken.

Als er seine Kammer verließ, erwarteten ihn seine acht Kinder und führten ihn in den Festsaal. Dort saßen seine Männer bereits zu Tisch und warteten ungeduldig auf sein Eintreffen, um sich über die Mahlzeit herzumachen. Denn der Tisch bog sich unter den vielen Köstlichkeiten.

Frau Lucia setzte sich neben ihren Mann, ohne ihre Angst zu zeigen, doch sie war nicht von aller Unruhe befreit, denn sie hatte zwar in aller Eile ein Festmahl herrichten können, aber noch immer fehlte es an Bier und Met, die sich nicht so rasch brauen lassen. Und sie wusste ja nicht, ob Herr Eskil sich mit einem Frühstück zufrieden geben würde, bei dem die Getränke fehlten.

Aber nun sah sie vor sich auf dem Tisch die große Kupferkanne, aus der die heilige Jungfrau ausgeschenkt hatte. Dort stand die Kanne, bis an den Rand mit duftendem Wein gefüllt. Abermals war Frau Lucia glücklich über den Schutz der barmherzigen Heiligen, und sie bot Herrn Eskil den Wein an, während sie erzählte, wie der nach Börtsholm gelangt war, und während ihr Gemahl voller Staunen zuhörte.

Als Herr Eskil den Wein, der diesmal jedoch nicht einschläfernd wirkte, zum zweiten Mal gekostet hatte, fasste Frau Lucia sich abermals ein Herz und berichtete von ihrer Reise. Herr Eskil machte zuerst ein überaus ernstes Gesicht, doch als sie von dem Priester, Herrn Kolbjörn, erzählte, rief er:

»Herr Kolbjörn ist ein sehr guter Freund von mir, Frau Lucia. Ich bin von Herzen froh, dass Ihr ihm helfen konntet.«

Dann stellte es sich heraus, dass der Gutsherr von Saxudden in vielen Feldzügen Herrn Eskils Waffenbruder gewesen war, dass sich unter den frommen Frauen eine Verwandte von ihm befand und dass Krämer Lasse aus dem Marktflecken ihm Kleidung und Waffen aus dem Ausland zu besorgen pflegte. Noch ehe Frau Lucia ihren Bericht beendet hatte, hatte Herr Eskil ihr nicht nur verziehen, er war ihr zudem von Herzen dankbar, weil sie so vielen seiner Freunde geholfen hatte.

Doch die Angst, die Frau Lucia während der Nacht erlitten hatte, überkam sie ein weiteres Mal, und mit Tränen in der Stimme sagte sie endlich:

»Jetzt aber habe ich das Gefühl, lieber Herr, dass ich sehr unrecht gehandelt habe, da ich, ohne Euch um Erlaubnis zu fragen, Euer Eigentum verschenkt habe. Aber ich bitte Euch, denkt an meine Jugend und Unerfahrenheit und verzeiht mir deshalb.«

Als Frau Lucia das gesagt hatte und Herr Eskil begriff, dass seine Gattin so fromm war, dass eine Bewohnerin des Himmels irdische Gestalt angenommen hatte, um ihr zu Hilfe zu kommen, und als er dann bedachte, wie er, der als weiser und bedächtiger Mann gelten wollte, sie verdächtigt hatte und bereit gewesen war, sie mit seinem Zorn zu überschütten, schämte er sich so von Herzen, dass er die Augen niederschlug und ihr nicht mit einem Wort antworten konnte.

Als Frau Lucia ihn so stumm und mit gesenktem Kopf dasitzen sah, erschrak sie abermals und wäre am liebsten weinend davongestürzt. Doch da trat, von allen ungesehen, die barmherzige Lucia in den Saal, schlich sich zu der jungen Frau und flüsterte ihr ins Ohr, was sie nun noch sagen sollte. Und es waren just die Worte, die Frau Lucia selbst gern ausgesprochen hätte, aber ohne himmlische Ermutigung hätte sie sicher niemals genug Mut aufgebracht.

»Um eins möchte ich Euch nun bitten, mein lieber Herr und Gemahl«, sagte sie, »und zwar, dass Ihr von nun an mehr zu Hause bleiben mögt. Denn dann würde ich nie in Versuchung kommen, gegen Euren Willen zu handeln, und ich könnte Euch all die Liebe zeigen, die ich Euch entgegenbringe, und niemand könnte sich zwischen Euch und mich drängen.«

Als diese Worte gesagt waren, merkten alle, dass sie Herrn Eskil nur zu gut gefielen. Er hob den Kopf, und die große Freude, die er verspürte, verjagte seine Schuldgefühle.

Er wollte seiner Gattin gerade eine überaus freundliche Antwort geben, als einer von Frau Rangelas Vögten in den Festsaal gestürzt kam. Er berichtete, dass Frau Rangela in der frühesten Morgenstunde nach Börtsholm aufgebrochen war, um Frau Lucias Bestrafung beizuwohnen. Doch unterwegs waren ihr Bauern begegnet, die sie wegen des Brückenzolls hassten, und im Schutze der Dunkelheit hatten sie Frau Rangelas einzigen Diener in die Flucht getrieben, sie dann vom Pferd gezerrt und sie elendiglich erschlagen.

Jetzt wollte Frau Rangelas Vogt Jagd auf die Mörder machen und verlangte, dass auch Herr Eskil seine Leute dazu aussandte.

Doch nun erhob sich Herr Eskil und sprach mit lauter, strenger Stimme:

»Es erscheint mir hier angebracht, den Bitten meiner Gattin Gehör zu schenken, aber vorher möchte ich die Sache mit Frau Rangela hinter mich bringen. Und da sage ich, dass sie von mir aus ruhig ungerächt bleiben kann, und ich werde auch meine Diener nicht aussenden, um ihretwegen Blutarbeit zu leisten, denn ich bin sicher, dass ihre bösen Taten sie ereilt haben.«

Als er das gesagt hatte, wandte er sich Frau Lucia zu, und nun war seine Stimme so mild, dass man kaum hätte glauben mögen, dass solcher Klang in seiner Kehle wohnte.

»Aber meiner geliebten Gattin möchte ich antworten, dass ich ihr gern verzeihe, so, wie ich hoffe, dass sie mir meine Heftigkeit vergibt. Und da es ihr Wunsch ist, werde ich dem König mitteilen, dass er sich einen anderen Berater suchen muss, denn nun möchte ich bei zwei edlen Damen in Dienst treten. Die eine ist meine Gattin, die andere die heilige Lucia von Syrakus, für die ich in allen Kirchen und Kapellen auf meinen Ländereien einen Altar aufstellen werde, um sie zu bitten, dass sie in uns, die wir in der Kälte des Nordens verschmachten, die Flamme und den Leitstern der Seele, die Barmherzigkeit genannt werden, am Leben erhalten möge.«

Am 13. Dezember, in früher Morgenstunde, wenn Kälte und Dunkelheit auf Värmland lasteten, kam noch in meiner Kindheit die heilige Lucia von Syrakus in alle Häuser, die zwischen den Bergen Norwegens und dem Fluss Gullspångälv lagen. Sie trug noch immer, zumindest in den Augen der kleinen Kinder, ein Kleid aus weißem Sternenlicht und in den Haaren einen Kranz aus brennenden Lichtblumen, und sie weckte die Schlafenden mit einem warmen duftenden Trunk aus ihrer Kupferkanne.

Ich kannte keinen schöneren Anblick, als wenn die Tür sich öffnete und die heilige Lucia in die Dunkelheit der Kammer trat. Und ich wünschte mir, sie hörte niemals auf, sich auf den värmländischen Höfen zu zeigen. Denn sie ist das Licht, das die Dunkelheit besiegt, sie ist die Legende, die das Vergessen überwindet, sie ist die Herzenswärme, die gefrorene Stellen mitten im Winter angenehm und sonnig werden lässt.

Aus dem Schwedischen übersetzt von Gabriele Haefs

Gerd Rindel

Klaras Stern

Oben auf einem Hügel liegt ein Haus. Es ist ein niedriges Steinhaus mit weißgekalkten Mauern und hohem Dachfirst. Hinter dem Haus liegt der Wald und bietet manchmal Schutz vor dem Wind.

Aber heute läßt sich der Wind nicht abhalten, er fegt um die Hausecken und wirbelt den frischgefallenen Schnee zu Säulen aus weißer Kälte hoch.

Der Schnee dringt durch die Fensterspalten.

Nein. Nicht mehr. Das ist lange her. Heutzutage ist das Haus gut isoliert, und die Fenster haben Thermoscheiben. Es ist eines von diesen Häusern, bei deren Anblick die Leute aus Kopenhagen langsamer fahren und davon träumen, sich in ein Häuschen auf dem Lande zurückzuziehen.

Im Haus steht eine Ausklappbank mit der aufgemalten Jahreszahl 1874. Hier wurden Kinder geboren, hier starben die Alten. Aber das ist so lange her. Heute passiert das alles im Krankenhaus. Nur die Ausklappbank steht noch immer auf ihrem alten Platz unter dem Fenster, das auf den Wald hinausblickt.

Die erste, die in der Ausklappbank geboren wurde, war Klara, die Tochter des Tagelöhners. Später heiratete sie Mads Bæk.

Heute denkt nur noch selten jemand an Klara. Aber manchmal scheint es doch zu passieren. Und zwar meistens abends, wenn der Kaufmann Hans Bæk am Eßtisch sitzt und die Mehrwertsteuer berechnet. Spät am Abend fährt er sich dann mit der Hand durch die Haare und blickt sich müde im Zimmer um. Es gibt immer so viel, was er nicht schafft. Da ist zum Beispiel der scheußliche große Nagel, der unter dem Schrank in der Wand steckt. Wie oft hat er den schon herausziehen wollen! Aber bisher ist nichts daraus geworden. Ansonsten ist das Haus zu klein, obwohl er schon einen Anbau vorgenommen hat. Und dann spielt Kaufmann Bæk mit dem Gedanken, es zu verkaufen und sich etwas Größeres zu suchen.

Bisweilen streift sein Blick die Ausklappbank und das Jahr 1874. Und dann ist der Gedanke an Klara gar nicht mehr weit weg. Es ist lange her, denkt er. Lange her. Aber mehr passiert nicht. Er hat viel zu tun. Sein Laden läuft bestens. Er macht sich wieder an seine Buchführung.

An Klara denkt er nicht.

Und auch Clarissa denkt nicht an Klara.

Sie ist dreizehn Jahre alt und liegt mit ihrer Decke in der Ausklappbank. Besonders bequem ist das nicht, aber krank im eigenen Zimmer zu liegen ist einfach traurig.

Clarissa hat eine Halsentzündung. Es ist ganz klar, daß sie hier in der Ausklappbank Weihnachten feiern wird.

Clarissa ist allein. Es ist so still im Haus. Sie hat ein wenig geschlafen. Ihr Gesicht glüht vor Fieber. Und jetzt ist schon Nachmittag. Draußen setzt die Dämmerung ein, und in den Zimmerecken wachsen die Schatten.

Aber Clarissa will kein Licht machen. Es ist so schön, im Halbdunkel ein wenig vor sich hin zu träumen. Von Jacob. Der ist fünfzehn und geht in die neunte Klasse. Er hat Clarissa früher nie angesehen oder mit ihr gesprochen. In den letzten zwei Monaten hat sich das geändert. Jetzt sind sie schon zweimal zusammen mit dem Rad von der Schule nach Hause gefahren. Clarissa träumt. Das kann doch nicht schlimm sein, es weiß doch niemand.

Wenn bloß ihr Hals nicht so wehtun würde. Sie nimmt den Spiegel vom Nebentisch und reißt den Schnabel auf, um sich die Katastrophe anzusehen. Aber es ist zu dunkel. Und egal ist es auch. Sie weiß doch genau, wie schlecht es ihr geht.

Sie läßt den Spiegel auf die Decke sinken und entdeckt den Zettel auf dem Tisch. Um ganz ehrlich zu sein: Sie hat ihn schon gesehen, als sie nach dem Spiegel Ausschau hielt. Aber besonders interessant ist der Zettel nicht, sie kann sich schon denken, was darauf steht.

Clarissa nimmt den Zettel:

»Liebe Clarissa …«

Allein schon dieser blödsinnige Name! Wie sind sie bloß auf den verfallen? Sie heißt nach irgendeiner Frau aus ferner Vergangenheit. Irgendwann hat es eine Clarissa oder sowas Ähnliches gegeben. Sie kann sich an den Namen nicht genau erinnern, jedenfalls ist Clarissa angeblich eine modernisierte Form dieses Namens.

»Liebe Clarissa. Ich bin jetzt erst mal im Laden. Morgen ist doch Heiligabend. Du weißt, wieviel heute zu tun ist. Ich komme sobald wie möglich nach Hause. Liebe Grüße, Mutter.«

So ist es jedes Jahr am 23. Dezember.

Die Schatten werden tiefer.

Clarissa nimmt wieder den Spiegel und mustert ihr Gesicht. Hier im Halbdunkel sieht es eigentlich ganz hübsch aus. Die Augen sind grau, an denen gibt es nichts auszusetzen. Die Nase ist zu breit, aber von der Seite sieht man das nicht. Bloß sieht man dann den dunklen Flecken auf der linken Wange, den ein wenig zu groß ausgefallenen Leberfleck. Sie achtet immer darauf, daß sie Jacob auch ja die rechte Seite zuwendet.

Die Schatten werden tiefer. Im Wald hinter dem Haus läßt der Frost die düsteren Bäume leise knacken. Der Schnee wirbelt durch die Luft.

Die Baumwipfel rauschen.

Die Baumwipfel rauschten.

Der Wind ließ immer wieder Schnee aufstieben. Klara versuchte, den Schneewirbeln auszuweichen, aber ab und zu versank sie doch bis zu den Knöcheln darin. Über ihrem Kopf schüttelte sich ein Ast, und der Schnee rieselte auf ihre Haare und ihre Wimpern herab. Klara wischte ihn weg und hüllte sich fester in ihren Schal.

Zu Hause würde sie eine Kerze anzünden, ganz still davor sitzen und daran denken, daß am nächsten Tag der Heilige Abend war. Vielleicht … vielleicht würde ihr Vater dann abends mit einem Korb am Arm vom Gut kommen. Klara stellte sich das vor. Wie er den Korb auf den Tisch der guten Stube stellte, sich den Schnee abwischte und wie Klara und ihre kleinen Geschwister den Deckel vom Korb nahmen. Und der Korb war gefüllt mit Brot und Fleisch und vielleicht auch etwas Butter. Und dann gab es noch eine Flasche Schnaps, und dann … nein … vielleicht kam der Vater überhaupt nicht nach Hause. Vielleicht blieb er auf dem Gut und trank zusammen mit den anderen Tagelöhnern bis zum Weihnachtsmorgen.

Vielleicht wäre es das Beste so.

Jetzt würde es bald dunkel sein, aber Klara hatte ihren Korb schon mit Reisig gefüllt. Sie konnte mit gutem Gewissen nach Hause gehen, ehe es stockdunkel wurde. Also machte sie sich auf den Rückweg. Zwischen den düsteren Baumstämmen floß der Bach. Sie konnte das gleichmäßige Plätschern des Wassers hören. Nur ganz selten war der Bach zugefroren.

Der Reisigkorb war schwer. Klara nahm ihn in die andere Hand.

Vielleicht würde ihr Mads begegnen. Mads aus dem Bækhaus. Mads war fast fünfzehn, zwei Jahre älter als Klara. Übrigens war das seltsam: Früher hatte er sie immer aufgezogen, hatte sich hinter einem Baum versteckt, um ihr einen Schrecken einzujagen. Und er hatte immer eine Rotznase. Damals hatte sie ihn blöd gefunden. Aber jetzt half er ihr ab und zu beim Reisigsammeln. Und er putzte sich immer die Nase. Mads Bæk war eigentlich ziemlich tüchtig. Und hübsch. Seltsam, daß man seine Meinung dermaßen ändern konnte. Sie wäre Mads jetzt gern begegnet.

Klara verließ den festgetrampelten Weg und ging zwischen den Bäumen weiter. Der Schnee war hier tief, sie sank ein, ihre Holzschuhe füllten sich mit Schnee, und ihr Rocksaum wurde naß und schwer.

Eigentlich brauchte sie ja nicht zwischen den Bäumen weiterzugehen, aber Klara suchte etwas, sie wußte nicht, was, irgend etwas, um es sich zu Hause ein bißchen schön zu machen. Ihre Mutter hatte ja doch keine Zeit dafür.

In der Stadt gab es Weihnachtsbäume. Auf dem Gut hatten sie angeblich auch einen, einen großen, der im Wohnzimmer stand und bis an die Decke reichte. Mit Kerzen!

Bei Klara zu Hause war das natürlich nicht möglich. Auch bei Mads Bæk gab es keinen Weihnachtsbaum. Kein Tagelöhnerkind hatte einen. Aber Klara wollte das Zimmer trotzdem ein bißchen schmücken, damit man sehen konnte, daß Weihnachten war. Vielleicht konnte sie hier im Wald zwischen den Bäumen etwas Geeignetes finden.

Klara blickte zum Himmel hoch. Inzwischen kamen nach und nach die blassen Sterne zum Vorschein. Sterne waren schon etwas Besonderes! Angeblich wurden Sterne auch an die Weihnachtsbäume gehängt. Aber auch ohne Weihnachtsbaum konnte ein Stern doch ein Zimmer schmücken!

Allerdings waren die Sterne am Himmel, auf dem Waldboden waren keine zu finden.

Und doch sah Klara die Bäume jetzt mit neuen Augen. Normalerweise sahen Bäume im Halbdunkel aus wie Tiere und Trolle oder andere geheimnisvolle Geschöpfe. Aber nun nahmen sie neue Formen an. Sie sahen aus wie Sterne.

Und hier lag ein großer Baum, den ein Herbststurm umgerissen hatte, und streckte die Wurzeln in die Luft. So eine Wurzel hatte wirklich ungeheuer viele Verzweigungen. Wie ein Stern. Klara zog ihren Dolch aus der Tasche und schnitt ein Stück von der Wurzel ab. Es sah wirklich aus wie ein Stern. Nur saß in der Mitte ein merkwürdiger spiralenförmiger Ausläufer. Der paßte nicht zu einem Stern, aber sie konnte ihn zu Hause sicher abschneiden. Vielleicht müßte sie den Stern überhaupt ein bißchen zurechtschnitzen. Sie würde schon sehen.

Klara legte die Wurzel in ihren Reisigkorb. Jetzt mußte sie

sich beeilen, wenn sie zu Hause die Petroleumlampe anzünden wollte, ehe es ganz dunkel war.

Klara hüllte sich dichter in ihren Schal. Dann ging sie zum Weg zurück.

Die Baumwipfel rauschten.

Clarissa horcht auf die Stille und auf ihr eigenes pochendes Herz. Plötzlich scheint ein kalter Hauch durchs Zimmer zu wehen. Nein, das kommt ihr nicht nur so vor. Hier passiert wirklich etwas. Die Tür zum Wald ächzt in ihren Angeln. Ob das schon Mutter ist? Clarissa horcht. Schritte kann sie nicht hören.

Nur die Tür klappert für einen Moment. Und dann wird sie leise geschlossen, und der kalte Hauch ist verschwunden.

Clarissa hat den Spiegel in der Hand. Jetzt sieht sie nicht mehr ihr Gesicht, sondern das Zimmer hinter ihr, die offene Tür zur Diele.

Ein flackerndes Licht. Jemand kommt herein. Aber sie sieht nur die Lampe. Die Lampe, die sich ungleichmäßig bewegt, getragen von einer unsichtbaren Hand.

Clarissa starrt in den Spiegel. Ihre Wangen glühen vor Fieber. Jetzt sieht sie noch mehr. Die Lampe ist nicht einfach nur ein einsam auf- und abhüpfender Lichtfleck. Sie strahlt ihr weiches Licht in das fast dunkle Zimmer, und im Lampenschein sieht Clarissa ein Mädchengesicht, umkränzt von nassen Haaren, in denen noch immer einige nicht geschmolzene Schneeflocken sitzen.

Lautlos legt Clarissa den Spiegel weg. Langsam dreht sie sich um.

Das Mädchen steht mitten im Zimmer. Sie trägt einen Schal um die Schultern und ein fast bodenlanges Kleid, von dem der schmelzende Schnee tropft. Sie hebt die Lampe und blickt sich suchend um. Das Licht fällt in Clarissas Gesicht.

Das Mädchen mustert sie mit ernstem Blick. Clarissa möchte

ihr etwas sagen, bringt aber nichts heraus. Das Mädchen scheint durch sie hindurchzublicken.

Jetzt läßt sie das Licht über die Wände gleiten. Über den Wandschrank, dann darunter. Danach bewegt sie die Lampe nicht mehr. Dort, unter dem Schrank, mitten im Lichtstrahl, steckt der große häßliche Nagel, den der Vater noch immer nicht herausgezogen hat.

»Da soll er hängen«, das Mädchen lächelt. Dann stellt sie die Lampe auf den Tisch und legt etwas daneben. Eine Baumwurzel.

Sie setzt sich an den Tisch. Sie nimmt die Wurzel in die Hand und dreht und wendet sie. Dann hängt sie den Schal über die Rücklehne und zieht den Dolch aus der Tasche. Sie hat ihn offenbar irgendwo zwischen den Falten ihres Kleides versteckt.

Sie beginnt, an der Wurzel herumzuschnitzen. Schneidet alle kleinen Auswüchse ab, bis die Wurzelspitzen glatt sind. Und sie scheint restlos in ihre Arbeit vertieft zu sein.

Das Licht fällt auf ihre linke Wange. Dort hat sie einen dunklen Flecken, einen etwas zu groß geratenen Leberfleck.

Clarissas Hand jagt an ihre linke Wange.

Die Wurzel ändert in den Händen des Mädchens ihr Aussehen. Sie sieht fast aus wie ein Stern, findet Clarissa.

»Wie heißt du?« fragt sie.

»Klara!« antwortet die andere, ohne aufzublicken.

Clarissa läßt ihren Kopf zurück auf ihr Kissen sinken und schließt die Augen. Es ist so ein schönes Gefühl, daß Klara dort am Tisch sitzt. Als ob sie zusammengehörten. Dann blickt sie wieder zu Klara hinüber.

Klara hat den Dolch beiseitegelegt. Jetzt streicht sie mit dem Zeigefinger über ihren Wurzelstern. In der Mitte ragt noch eine seltsam spiralförmige Wurzelspitze hervor.

»Jetzt weiß ich's«, sagt Klara. »Die wird nicht abgeschnitten. Darauf kommt eine Kerze.«

Mit dem Stern in der Hand steht sie auf und geht zum Wandschrank. Dann bückt sie sich und befestigt den Stern an dem großen Nagel.

Klara tritt einen Schritt zurück und betrachtet ihr Werk. Sie lächelt zufrieden. Sie öffnet den Wandschrank und nimmt eine grauweiße Kerze heraus. Die ist ein bißchen schief. Clarissa hat noch nie solche Kerzen gesehen, wußte nicht, daß welche im Schrank liegen. Die Kerzen, die Kaufmann Bæk in seinem Laden verkauft, sehen anders aus.

Klara zündet die Kerze an der Petroleumlampe an. Dann träufelt sie ein wenig geschmolzenen Talg auf die Spiralwurzel und steckt dann die Kerze darauf.

»Die ist ein leuchtender Stern«, sagt Klara froh. »Die werde ich aufbewahren und jedes Jahr zu Weihnachten hervorholen. Ich werde sie auf dem Dachboden verstecken. Auf dem Gesims unter der Dachluke. Dann kann sie zu den anderen Sternen am Himmel hochblicken, während sie auf das nächste Weihnachtsfest wartet.«

Clarissa und Klara blicken in die Flamme. Sie brennt so ruhig. Als ob es keine Zeit gebe.

Draußen wirbelt der Schnee.

Im Wald hinter dem Haus rauschen die Bäume.

Stimmen. Clarissa hört Stimmen. Und nun auch Schritte vor der Tür.

Klara blickt in die Flamme. Ihre grauen Augen scheinen weit weg zu sein.

Die Tür wird geöffnet, und ein kalter Windstoß fegt ins Zimmer. Die Kerze flackert. Die Schatten tanzen über die Wände. Die schiefe grauweiße Kerze erlischt.

Clarissa liegt ganz still in der Dunkelheit.

In der Diele werden die Lampen eingeschaltet. Clarissas Mutter ist wieder da. Und auch der Vater ist bei ihr. Sie reden vom Essen, es ist spät, aber so ist es ja jedes Jahr.

»Du liegst ja ganz im Dunkeln«, sagt Clarissas Mutter. Sie macht Licht, kommt herüber und legt Clarissa die Hand auf die Stirn.

»Dir geht es gar nicht gut«, sagt sie.

»Doch«, sagt Clarissa leise. »Mir geht es gut.«

Ihre Mutter mustert sie besorgt. Dann geht sie in die Küche und macht sich ans Abendessen.

Clarissas Vater kommt ins Zimmer. Er läßt sich in einen Sessel fallen und streift die Schuhe ab. Er fährt sich mit der Hand durch die Haare.

Er starrt die Wand an. Den häßlichen großen Nagel.

»Nein, jetzt reicht es wirklich«, sagt er plötzlich. Er springt auf und macht sich in der Abstellkammer zu schaffen.

Clarissa sieht, wie ihr Vater wieder ins Wohnzimmer kommt. In der Hand hält er eine große Zange und geht damit zur Wand mit dem Nagel.

Er packt den Nagel mit der Zange. Spannt die Muskeln an. Jetzt will er den Nagel herausziehen.

»Nein!« ruft Clarissa. »Nein, das darfst du nicht!«

Ihr Vater dreht sich um.

»Was darf ich nicht?«

»Du darfst den Nagel nicht herausziehen. Der gehört zu Klaras Stern!«

»Klaras Stern?« fragt ihr Vater und sieht Clarissa verständnislos an. »Wir kennen doch überhaupt keine Klara.«

»Wirklich nicht«, fügt Clarissas Mutter hinzu. »Falls es hier nicht um deine Ururgroßmutter geht.« Dann lacht sie.

»Was für ein Unfug!« sagt der Vater und macht sich wieder über den Nagel her.

»Nein!« ruft Clarissa. »Da soll doch Klaras Stern hängen! Der liegt oben auf dem Dachboden. Unter der Dachluke. Du kannst ja selbst nachsehen.«

»Das kommt sicher vom Fieber«, sagt Clarissas Mutter. »Aber würdest du trotzdem mal nachschauen? Dann beruhigt sie sich immerhin. Und du mußt ja doch den Christbaumschmuck holen gehen.«

Clarissas Vater schüttelt ärgerlich den Kopf. Dann geht er zur Bodentreppe.

Clarissa liegt in der Ausklappbank und kann oben seine Schritte hören. Dann ist alles still. Jetzt steht er sicher unter der Dachluke.

Und dann ist er wieder da.

»Ich konnte nur eine alte Baumwurzel finden«, sagt er und reicht sie Clarissas Mutter.

Die hält sie in der Hand und betrachtet sie.

»Komisch«, sagt sie. »Wieso ist Clarissa plötzlich auf diese Idee gekommen? Aber es stimmt schon. Sie sieht aus wie ein Stern. Und es hat wohl mal eine Kerze darin gesessen. Hier siehst du noch die Wachsreste.«

»Die soll am Nagel hängen«, sagt Clarissa. »Mit einer Kerze.«

Clarissas Mutter nimmt eine Kerze aus dem Wandschrank. Dann träufelt sie ein wenig Wachs in die Spiralwurzel. Sie hängt den Stern mit der brennenden Kerze an die Wurzel.

Clarissas Eltern stehen in der Küche. Sie besprechen den Umsatz dieses Tages.

Clarissa steigt leise aus dem Bett und knipst das Deckenlicht aus. Dann kriecht sie wieder unter die Decke.

Die kleine Flamme brennt still und ruhig. Als ob sie nie erloschen gewesen wäre.

Und Clarissa und Klara gehören zusammen.

Aus dem Dänischen übersetzt von Gabriele Haefs

Alfred von Hedenstjerna

Der Lebenslauf eines Hundertkronenscheins

I. Was die Kameraden in dem Bank-Kassengewölbe erzählten.

Meine frühesten Erinnerungen sind ein unentwirrbares Chaos, aber unter ihnen drängt sich immer eine an eine frühere Daseinsform hervor, und ich hörte von einem alten, erfahrenen und weitgereisten Privatbank-Zehner, dem ich in einem Bank-Kassengewölbe in Vesterås begegnete, dass etwas Ähnliches bei den Menschen der Fall zu sein scheine, da ein Teil von ihnen glaubt, dass sie von Stern zu Stern fliegen.

Solch stolze Gedanken habe ich nun nicht, aber da Papierscheine aus Lumpen gemacht werden, möchte ich sehr wohl einmal ein feines Brauttuch einer glücklichen Braut gewesen sein.

Nun besinne ich mich aber auf nichts anderes, als dass ich in der feinsten Abteilung einer »fein-feinen« Papierfabrik des Auslandes die Form bekam, die ich in meiner Jugend hatte, ein reines, schönes und glänzendes Papier wurde und eine lange Reise übers Meer und durch verschiedene Länder machte zu einer großen Druckerei in Stockholm hin, und mit diesen großen, bedeutungsvollen Typen bedruckt wurde, die mir bei den Menschen einen hohen Wert verliehen, der mir noch erhalten ist, obwohl die Buchstaben nun verwischt, meine Ränder lappig und meine Flächen schmutzig und voller Bakterien sind. Ist es nicht merkwürdig, dass ich noch niemals jemand getroffen habe, der im Geringsten Scheu gehabt hätte, mich anzufassen, wie fein die Hand auch war, und wie schmutzig ich auch aussah?

Dann machten ich und meine Gefährten eine Fahrt zu der Bank, für die wir gedruckt waren. Da wurden wir von den Direktoren beschrieben und dann in feinen, eleganten Häufchen mit ganz glatten Rändern in das Kassengewölbe der Bank gelegt, in dem man uns einschloss mit tausenden älteren Genossen höheren und niederen Wertes, teils solchen, die noch einigermaßen sauber waren, teils alten, schmierigen mit großen »Eselsohren«.

»Willkommen, meine verehrten Freunde«, näselte vornehm und gnädig ein alter Tausendkronen-Schein und hob huldvoll sein Eselsohr empor, sobald die Türe des Kassengewölbes ins Schloss gefallen war.

Und dann begann es zu flüstern und zu zischeln ringsum unter den älteren, weitgereisten Kameraden, die ihre Erlebnisse unter den Menschen draußen erzählten.

Wir jungen lagen ganz still und hörten zu.

Ach, welche Lebensbilder entrollten sich da vor uns! Und wie viel Unruhe stifteten wir nicht in der Welt! Fast alles menschliche Trachten und Streben drehte sich um uns! Wir schauderten bisweilen über die Schilderungen der Alten, aber andererseits schwoll auch unser Päckchen, wenn wir hörten, wie wir geliebt und erstrebt waren auf dem ganzen Erdenrund.

»Ich war einer unter hundert meinesgleichen, die einen jungen Mann dem von ihm geliebten Weibe entrissen, das ihn von ganzer Seele wiederliebte«, flüsterte ein ehrwürdiger Tausender und streckte stolz seine Runzeln. »Sie waren acht Jahre verlobt gewesen und begannen ihre kleine Einrichtung zu sammeln und berechneten schon den Tag, an dem sie ein Paar sein würden. Aber dann kam meine Besitzerin mit neunundneunzig Kameraden von mir ihm in den Weg. ›Hunderttausend! Hunderttausend!‹, sang es in seinen Ohren Tag und Nacht, und die arme Braut war vergessen, und meine Besitzerin wurde seine Braut, und ich wurde ihm vom Schwiegervater zur Hochzeitsreise geschenkt.«

»Na, dann wurdest du bei ihm nicht alt.«

»Nein, und meine Kameraden auch nicht. Sieben Jahre später, als ich in der Brieftasche eines reichen Mannes lag, bekam ich plötzlich die Stimme meines einstigen Herrn wieder zu hören. Die Stimme klang zitternd und schwach, und er bat meinen Herrn um eine kleine Unterstützung, denn mit ihm wäre es aus. Und als mein Herr das Portefeuille vornahm und ihm ein paar Zehner gab, sah ich über den Rand der Tasche, wie elend und ärmlich er aussah, obwohl er doch gut bezahlt wurde, als er sich verkaufte.«

»Weiber verkaufen sich noch billiger. Mir sind drei Stück zum Opfer gefallen«, murmelte ein Hunderter.

»Ach ja, dergleichen passiert uns sogar«, sagte selbstbewusst ein zerknitterter Fünfziger.

Da lachte es in der Ecke der Zehner, und einer streckte sich vor und rief:

»Auch ich, so gering ich bin, habe doch ein Weib kaufen können …«

»Unmöglich, unmöglich«, murmelten die alten großen Scheine, und wir jungen stimmten ihnen bei.

»Es ist doch wahr, aber – sie war ohne Schutz und Heim und allein in der Hauptstadt und hatte vier Tage gehungert …«, sagte der Zehner.

»Ja, ja, unser Leben ist wechselvoll«, sagte ein alter, schmutziger Fünfziger. »Einmal war ich der Lohn eines Dienstmädchens für die Arbeit eines ganzen Jahres, ein andermal das Trinkgeld einer Kellnerin. Einmal verkauften Mann und Frau für mich ihre Betten, um Brot zur Stillung ihres Hungers und des ihres Kindes zu bekommen, wieder ein andermal bezahlte man mit mir ein Souper im *Tête-à-tête* …«

»Pfui Teufel, du bist ja blutig«, sagte ein noch ganz sauberer Zehner zu einem andern.

»Ja, ich war einmal der ganze Wochenlohn eines armen Arbeiters«, antwortete der Angeredete, »und als er mit mir auf dem Wege nach Hause war, wo Frau und Kind auf ihn warteten, wurde er von Kameraden in eine Kneipe gelockt, die Karten kamen hervor und ich, von dem eine ganze Familie eine Woche leben sollte, war in der Zeit einer halben Stunde den Händen meines Besitzers entschwunden. Es fielen hitzige Worte, die Messer kamen hervor, und was du da siehst, ist ein Tropfen Blut meines früheren Herrn.«

Wir jungen neuen fanden es betrüblich, dass wir so viel Leid, so großes Elend in der Welt verbreiten sollten, und einer sagte ein paar Worte darüber. Da antwortete ein kleiner, verschrumpelter Fünfer mit verbogenen Ecken:

»Ja, das ist wahr, viel Elend und große Schande bekommen wir zu sehen; aber wir haben keine Schuld daran, sondern nur die Menschen allein. Ich habe viel erlebt. Ein Dienstmädchen stahl mich der Eigentümerin, die ihm unbedingtes Vertrauen schenkte. Einmal erkaufte jemand für mich und vier meiner Wertgenossen falsches Zeugnis.

Aber man hat mich auch als Prämie einem kleinen frohen und blondlockigen Knaben gegeben, der strahlenden Auges mit mir zu seinen Eltern heimkehrte. Und einmal, als ich das letzte Geld eines armen Arbeiters war, schenkte er mich einem kranken und noch ärmeren Kameraden, und da war es mir, als sähe ich die Engel lachen.«

»Im Regenwetter bist du auch draußen gewesen, wenn man nach deinem Aussehen schließen soll, du kleiner Schwätzer!«, sagte von oben herab der alte, vornehme Tausender.

»Du irrst dich«, erwiderte der Fünfer. »Einmal kam ich zu einer armen Mutter, die unter Hunger und Entbehrungen ihren kleinen Sohn erzog, alles für ihn opferte und ihn liebte, wie nur eine Mutter lieben kann. Die Zeit verging, der Junge wuchs heran und war so weit, dass er mit seiner schwachen Kraft die Mutter stützen konnte, die nahe dem Erliegen war. Er fand Arbeit, griff mit Lust und Freude zu und kam eines Tages jubelnd in ihr armseliges Heim hereingestürmt, indem er mich in der Hand hielt, und gab seiner Mutter seinen ersten Verdienst. Und da fielen Freudentränen des liebenden Mutterauges auf mich herab! Das sind meine Regentropfen!«

II. Aus Liebe

Es wurde kälter und kälter in dem Kassengewölbe und war ganz dunkel, wenn die Türe des Schranks geöffnet wurde. Dann eines Tages kam der Bankdirektor, steif und vornehm, und betrachtete uns neue Scheine und sagte:

»Andersson, nehmen Sie einige von diesen, damit die Leute zu Weihnachten hübsches Geld bekommen können.«

Im selben Augenblick packten die dicken, roten Hände des Bankdieners mich und fünfzig Kollegen, und er trug uns aus der Dämmerung ins Sonnenlicht hinauf auf den Tisch des Kassierers, wo wir Geld klingen hörten und lüsterne Blicke auf uns gerichtet sahen.

Plötzlich richteten sich ein paar hübsche, junge, warme Blicke auf mich, der als oberster in dem Päckchen lag, und eine weiche Frauenstimme sagte:

»Ach, Herr Kassierer, verzeihen Sie, wenn ich Sie bemühe, aber ich möchte so gern einen ganz, ganz neuen, feinen, schönen Hundertkronenschein von diesen hier haben ...«

Und dann zog sie aus der Tasche eine bunte Sammlung verschiedener Geldscheine und Silbergeld.

Der Kassierer lachte und legte mich in eine behandschuhte Damenhand, die vorsichtig und fast achtungsvoll mich in ein Notizbuch steckte, und dann ging es über Straßen und Märkte und Treppen hinauf und durch Türen hinein, und dann bekam ich zum ersten Mal eine behagliche menschliche Wohnung zu sehen. Sie war nur klein und eng, aber strahlend rein und gemütlich. Und niemals hat mich ein Geizhals so zärtlich wie die junge Frau angeblickt. Sie strich über mich hin und liebkoste mich, sie drückte ihre frischen, roten Lippen auf die großen Buchstaben in dem »Einhundert« und flüsterte: »Ach, wie ich um deinetwillen mich habe plagen müssen, du kleines Papierstückchen.«

Und dann am Abend wurde es hell in jeder Ecke, und ein Tannenbaum stand im Zimmer, und man sang und spielte von einem Wunderkinde, das in der Weihnachtsnacht geboren sei; und ein junger, glücklicher Mann und ein kleines Mädchen, das nur mühsam auf seinen Beinchen herumwatschelte, weil sie noch so kurz und dick waren, küssten und liebkosten meine Eigentümerin und schlossen sie einmal ums andere in die Arme.

Da wurden Papiere aufgerissen und Siegel erbrochen und gerufen: »Aber, Liebster, wie konntest du wissen …?«, und die Kleine bekam eine Klapper und einen Gummihund, und das Dienstmädchen guckte zur Türe herein, und der Tannenbaum und all die Lichter strahlten, und alles war voll Glück und Fröhlichkeit.

Da nahm das feine Händchen mich ganz, ganz behutsam aus dem Notizbuch heraus und schob mich still auf dem polierten Tisch mitten vor den Herrn des Hauses hin.

»Alma, was soll das heißen?«, rief er und starrte mich ganz erstaunt an.

Da wurde sie glühend rot, und ihr traten die Tränen in die Augen, sie schlang die Arme um seinen Hals und konnte lange nichts reden.

»Liebste, was ist das für ein Schein?«

»Ja … a … den habe ich … für dich zusammengespart …«

»Aber Alma, was meinst du damit?«

Da schmiegte sie ihr lockiges Köpfchen dicht, dicht an seine Brust und schluchzte hervor, wie es ihr leid getan habe, dass er nicht die Mittel hatte, das wichtige, große, neue technische Werk zu kaufen, von dem er im vorigen Winter so viel gesprochen hatte … wie sie darunter gelitten hatte, dass er, um ihr so früh als möglich ein eigenes Heim gründen zu können, die Ingenieurstelle bei der kleinen Fabrik angenommen hatte, bei der keine Entwickelung seiner großen technischen Begabung möglich wäre … wie sie der Gedanke niedergedrückt hätte, dass er der Liebe eine schöne, vielleicht glänzende Zukunft geopfert hatte … und daher hätte sie ihm wenigstens …

Er küsste sie schweigend und fragte sie, wie ihr das möglich gewesen wäre? Mit ihrem geringen Wirtschaftsgeld? Konnte sie zaubern?

Da hob sie mich mit der Hand empor, hielt mich gegen das Licht und sagte kosend:

»Aber, Männchen, du begreifst wohl, dass die Hundertkronen erst heute so fein und vornehm aussehen! Der Schein ist in einzelnen Münzen zusammengekommen. Das Meiste habe ich am Wirtschaftsgelde erspart, aber du hast deshalb nichts entbehrt, nicht wahr? Und dann der schrecklich teure Hut im Frühjahr; er existierte nur in der Phantasie meines Männchens! In Wirklichkeit hatte ich mir das alles selbst zurechtgestutzt aus alten Bändern und Blumen. Und dann kann ich ganz nett auf Glas malen, wie du weißt, und habe einiges unterbringen können … ja, nun schreibst du wohl bereits morgen nach deinem großen technischen Werk? Ach, du weißt gar nicht, was mir das für Freude gemacht hat!«

»Morgen! Nein, ich schreibe noch heut Abend! Liebstes, bestes Weibchen, wie soll ich dir nur für all deine Liebe danken!«

Und dann setzte er sich hin und schrieb:

»Liebe Mama! Deine Alma hat heute Abend zu den vielen Beweisen, dass sie das herrlichste, liebevollste und unverständigste Frauchen auf der Erde ist, einen neuen erbracht. Denke Dir! Sie ist ein ganzes Jahr umhergegangen und hat sich geplagt und gespart und auf alles verzichtet und ist wie eine Vogelscheuche angezogen gegangen, wovon ich in meiner Blindheit um ihrer göttlichen Augen willen natürlich nichts gesehen habe. Und warum? Ja, um den beigefügten Schein zusammenzusparen und ihn mir zu etwas zu schenken, was ich einmal dumm genug war, mir in ihrer Gegenwart zu wünschen, was ich aber durchaus nicht brauche und gar nicht mehr haben will.

Aber, Du, liebe Mama, mit Deiner kleinen, kargen Pension, hast so viele Bedürfnisse, die, wie bescheiden sie auch sind, oft unerfüllt bleiben müssen.

Nimm daher den Hundertkronenschein als Weihnachtsgeschenk von der besten der Töchter und der liebevollsten Gattin und empfange meinen wärmsten Herzensdank für den Engel in Frauengestalt, den Du geschenkt hast

Deinem stets ergebenen Schwiegersohn

Wilhelm.«

»Christine!«

»Ja, Herr Ingenieur!«

»Können Sie vielleicht die alte Anna von Portiers heraufrufen, um die Grütze zu rühren, während Sie mit diesem Brief zur alten gnädigen Frau hinlaufen?«

Gewiss, das könnte sie schon.

Und dann wurde ich davongetragen, hinaus in Dunkel und Kälte, Straß auf, Straß ab; aber mir schien, es strahlte und leuchtete aus dem Couvert in das Dunkel hinaus von all dem, was ich an Weihnachtsfreude und Liebe gesehen hatte.

Philip Newth

Wie nichts auf dieser Erde

Früh am Morgen, als der sternenklare, azurblaue Himmel vor dem Sonnenaufgang verblasste, begann der Esel zu arbeiten. Sein Herr, der Schankwirt, trieb den Esel über den Pfad, der sich bis zur Spitze des höchsten Bergs hinaufwand. Dort oben im Gebüsch wollten sie für die Feuerstelle im Wirtshaus Holz sammeln.

»Komm weiter, Tier. Komm den Hügel hinauf!«, sagte der Schankwirt.

Der Herr war freundlich, doch fett, und der Esel wünschte sich, dass er weniger essen würde.

Auf halbem Weg nach oben traf er seinen Freund, das Kamel, das vom Berg hinunterkam.

»Du siehst so aus, als ob du alle Last der Welt auf deinem Rücken trägst, Esel«, sagte das Kamel und schielte hinüber zu dem fetten Schankwirt.

»Nein, nur die Last zu vieler Mahlzeiten«, keuchte der Esel. »Es würde meinem Herrn wohl bekommen, selbst zu gehen.«

»Weniger Brot und Fleisch würden ihm auch wohl bekommen«, lachte das Kamel in sich hinein und trottete langsam weiter.

Während der Schankwirt Holz sammelte, freute sich der Esel über die schöne Wüstenlandschaft, die sich wie eine Ewigkeit dahinstreckte.

Alles war still.

Die Sonne stieg groß und heiß zum Himmel, und die Wüste wurde in ein glitzerndes Lichtermeer verwandelt. Sanfte Windstöße hoben den Sand zu feinen Schleiern empor, die rastlos von Sanddüne zu Sanddüne tanzten, während die Wärme der Sonne seinem schmerzenden Rücken Linderung tat.

Bald war der Rücken des Esels schwer beladen, und er konnte sich auf den langen Weg vom Berg hinunter machen.

»Komm weiter, Tier, jetzt schnell den Hügel hinunter«, sagte der Schankwirt.

Als sie endlich den Stall auf dem Hof vor dem Wirtshaus erreicht hatten, zitterten die Beine des Esels vor Erschöpfung.

Während er im Stall stand und die Hafermahlzeit aß, erzählten ihm der Ochse und das Schaf, was alles an diesem Morgen im Wirtshaus geschehen war.

»Die Dienstmagd hat das Wirtshaus auf den Kopf gestellt, während du und der Herr fort wart«, sagte der Ochse.

»Zweimal hat sie dem Küchenjungen kräftige Ohrfeigen verpasst, nur weil er kein frisches Stroh auf den Boden gelegt und die Tische nicht abgewaschen hat«, sagte das Schaf.

»Sie hat geschrubbt und gescheuert, gelärmt und geschimpft, und bald beginnt sie auch in unserem Stall herumzuräumen«, klagte der Ochse.

Mutlos schüttelte er den Kopf mit den großen Hörnern.

»Hör sie nur an!«

Der Esel hörte zu kauen auf und lauschte.

Der schrille Ruf der Dienstmagd klang genau wie ein wütender Habicht, dachte er. »Hier wird es zum Bersten voll mit Gästen heute Nacht, denn die Leute sind von nah und fern zum großen Winterfest gekommen. Wir haben keinen Platz für alle!«, jammerte die Dienstmagd.

»Die müssen in der Küche liegen und unter den Esstischen und ich weiß nicht wo. Wir brauchen massenweise Essen, Berge von Essen.«

»Wir brauchen auch zusätzliche Krüge mit Wein«, sagte der Schankwirt. Er wusste, wie durstig seine Gäste nach ihrer langen Reise durch die Wüste sein würden.

»Wir müssen Krüge mit Öl haben, Säcke mit Oliven und Mais, und viele Knoblauchzöpfe, Herr«, sagte die Dienstmagd.

»Außerdem brauchen wir Gewürze und Kräuter, und Lampen und Wäsche für all die zusätzlichen Betten, und vergiss nicht zwei Ziegen und zweiundzwanzig Hühner fürs Abendessen und …«

»Ich glaube, du bekommst heute einen anstrengenden Tag, mein Freund Esel«, sagte der Ochse.

Der Esel nickte und aß den Rest seines Hafers in Ruhe auf.

Der Schankwirt kam in den Stall. Auf jeder Seite band er einen großen Korb auf des Esels Rücken und führte ihn hinaus auf die betriebsame Straße. Der Esel hatte die Stadt noch nie so voll mit Fremden gesehen. Der Schankwirt presste sich durch die Menschenmassen und schleppte den Esel hinter sich her.

Der Esel wurde vorne und hinten geschubst und gestoßen, von unzähligen Menschen, die sich vorbeizwängen wollten. Gewöhnlich trottete der Esel nur vor sich hin und hatte die Augen auf den Boden gerichtet. Immer war er in seine eigenen Gedanken versunken. Doch heute wurde seine Aufmerksamkeit von all den Fremden in Anspruch genommen, all den Farben und seltsamen Trachten.

Sie machten einen ohrenbetäubenden Lärm; Straßenverkäufer, die ihre Waren feilboten, die heiligen Männer, die den Himmel priesen, und die zerlumpten Armen, die um Almosen bettelten.

Der Esel seufzte erleichtert, als ihn der Schankwirt zu den Marktbuden in die schmalen Seitengassen zog, denn dort war es ruhig.

An einem Ort kaufte der Schankwirt Öl und Lampen, und an einer anderen Bude kaufte er Zwiebeln und Knoblauch. Jedesmal wenn er bezahlen sollte, hob der Schankwirt die Arme zum Himmel und jammerte laut über die horrenden Preise, die ihn ganz sicher ruinieren würden.

Der Esel wusste, dass das Gejammer falsch war. Er wusste genau, dass sich mit den Strömen von Gästen im Wirtshaus die Taschen des Schankwirts mit Gold füllten.

Während sein Herr an einem Obststand unermüdlich um die Preise feilschte, gelang es dem Esel, unbemerkt ein paar Äpfel in sich hineinzukauen.

Das hellte seinen Tag etwas auf.

Bald waren die großen Körbe gefüllt, und sie trotteten nach Hause, um auszupacken.

Als sie ankamen, standen der Ochse und das Schaf auf dem Hof.

»Bist du bald fertig für heute, Freund?«, fragte der Ochse.

»Wenn es nur so wäre«, sagte der Esel. »Wir müssen zurück zu den Marktbuden, um die Körbe erneut zu füllen.«

»Ich ziehe mein Leben im Müßiggang vor«, sagte das Schaf. »Es ist besser, nur zu essen und zu schlafen, als sich mit harter Arbeit abzurackern.«

»Vergiss nicht, dass sie dich für die Abendtafel mästen, Wollkopf«, sagte der Ochse düster.

»Doch noch bin ich zu mager für die verwöhnten Gaumen der Gäste«, sagte das Schaf glücklich. »An mir gibt es nicht viel zu nagen.«

»Ich bin nur ein einfaches Arbeitstier und das ist mein Los im Leben«, sagte der Esel. »Doch ich bin jung und stark und mein Herr ist nicht grob mit mir.

Ein Esel kann ein schlimmeres Schicksal haben als dieses.«

Die Dienstmagd war deutlich unzufrieden mit dem Einkauf des Schankwirts.

»Wo ist der Wein? Und die Wäsche für die zusätzlichen Betten?«, rief sie.

»Wir haben nur einen Esel und nicht ein Dutzend«, schnaubte der Schankwirt. »Der ganze Einkauf wird mich ruinieren.«

»Wir brauchen mehr«, sagte die Dienstmagd stur. »Du musst

dafür sorgen, beim nächsten Mal alles mitzubringen, woran es uns mangelt.« Sogleich fügte sie kokett hinzu: »Falls es meinem Herrn beliebt, selbstverständlich.«

»Komm, Tier, bevor sie mich um den Verstand bringt«, seufzte der Schankwirt und zerrte den Esel wieder in das Gedränge auf die Straße.

»Wer ist der Herr und wer die Frau im Wirtshaus?«, sagte der Ochse bedeutungsvoll zum Schaf.

»Menschen haben nicht die gleichen Probleme wie Schafe«, antwortete das Schaf. »Unser Leben ist einfach. Wir müssen nur grasen und werden geschoren, und sind die Freude der Abendgäste.«

»Pass bloß auf, dass du nicht zu schnell fett wirst, mein Freund«, sagte der Ochse. »Eigentlich schätze ich deine Gesellschaft.«

Auf dem Markt wurden die Körbe auf des Esels Rücken schnell wieder gefüllt, und er wusste, dass er heute alle seine Kräfte brauchte. Doch obwohl er müde war, erfreute er sich daran, vor den Buden mit Säcken voller Gewürze und Kräuter stehen zu bleiben. Säcke mit einem Inhalt in allen Farben des Regenbogens füllten die Luft mit Düften von fernen, exotischen Orten.

Sie waren den größten Teil des Tages draußen gewesen, und die ganze Zeit hatten sie sich durch Menschenmassen hindurchkämpfen müssen. Als sie sich schließlich heimwärts wenden konnten, war der Abend nah. Am violett gefärbten Himmel sank die Sonne sanft hinunter und verschwand zum Schluss hinter den Bergen.

Die engen Gassen der Stadt, die nun ruhig waren, lagen in tiefem Schatten.

Der Schankwirt lud die Körbe auf dem Hof ab.

»Du hast heute gut gearbeitet, Tier. Nun verdienst du Ruhe«, sagte er und führte den Esel für die Nacht in den Stall hinein.

Der Esel war sowohl erleichtert als auch erschöpft.

»Ein weiterer Tag mit Arbeit ist vorüber«, sagte tröstend der Ochse.

»Und eine weitere Nacht mit Ruhe wartet«, sagte das Schaf, das zwischen den Mahlzeiten fast den ganzen Tag geschlafen hatte.

Der Esel fiel sogleich in den Schlaf. Er war zu erschöpft, um zu reden oder seinen Hafer zu essen.

Einige Stunden später wurde er durch den Lärm aus dem Wirtshaus geweckt. Er sah, dass der Ochse und das Schaf draußen auf dem Hof standen und durch die Fenster ins Wirtshaus blickten. Der Esel ging zu ihnen hinaus.

Das Wirtshaus war gerammelt voll von Menschen. Der Schankwirt und die Dienstmagd liefen mit Speisen und Getränken zwischen den Gästen hin und her. Von Zeit zu Zeit hörten sie das laute Gelächter des aufgeregten Schankwirts, der sich über den guten Umsatz freute.

Mit einem Mal wurden der Hof, das Wirtshaus und der Stall von einem sonderbaren Lichtschein erhellt.

Der Esel blickte auf, erstaunt über den klaren Lichtstrahl vom Himmel.

»Das kann doch unmöglich der Mond sein«, sagte er.

»Was kann das sein?«

»Eine riesengroße Öllampe, die an einer Wolke hängt«, sagte das Schaf ängstlich.

Der Ochse beobachtete das Licht und schüttelte resigniert die Hörner.

»Dummes Schaf. Das ist doch nur eine brennende Fackel, die der Nordwind gefangen hält.«

Der Esel war uneins mit beiden.

»Ich glaube, das ist ein Stern.«

»Sterne, mein Freund, sind Löcher im Himmel«, sagte der Ochse mit felsenfester Überzeugung.

»Sternenlöcher leuchten niemals so klar wie dies.«

Die Küchentür ging auf, und der schwitzende Schankwirt trat auf den Hof hinaus und ging zum Brunnen. Als er den Bottich aus dem Brunnen hob und seinen Durst mit dem eiskalten Wasser löschte, wurde er in dem sonderbaren Licht gebadet.

»Mmmm«, sagte er, wischte sich den Mund ab, und senkte den Bottich wieder in den Brunnen. Da fiel sein Blick auf die Tiere.

»Kommt Tiere, ihr sollt in der Nacht nicht auf dem Hof herumwandern«, sagte er ungeduldig.

»ICH BRAUCHE HIER DRINNEN HILFE, HERR!«, heulte die Dienstmagd.

Der Schankwirt scheuchte die Tiere in den Stall und ging murmelnd zu seinen Gästen zurück.

Die drei Tiere mampften Heu, bis ihre Mägen voll waren.

So dösten sie ein, und alle träumten von saftiggrünen Wiesen.

Als sie erwachten, war das Wirtshaus still, und die Stadt schlief unter dem Sternenzelt.

Da hörten sie ein lautes Klopfen gegen die Wirtshaustür.

Der Schankwirt fluchte leise, bevor er aus dem Bett kroch und die Tür öffnete.

Das Wirtshaus ist ganz voll, erklärte er.

Eine Männerstimme bat flehentlich um ein Zimmer, da seine Frau im Begriff stand, ein Kind zu gebären.

»Kommen noch mehr Gäste?«, fragte das Schaf verwirrt.

»Wie soll ich das wissen, wenn du direkt in mein Ohr blökst«, brummte der Ochse.

»Aber wenn mehr Gäste kommen, werden wir bald aus unserem Stall geworfen«, sagte das Schaf.

»Vielleicht hast du Recht«, sagte der Esel von der Tür her. »Der Schankwirt führt die Gäste direkt hierher.«

Der barmherzige Schankwirt geleitete das Paar zum Stall, und die Tiere rückten zur Seite, als sie hereinkamen.

»Das ist alles, was ich anbieten kann. Ich hoffe, ihr habt es bequem im Heu.«

Gähnend gab der Schankwirt ihnen seine Öllampe.

So wandte er sich schläfrig wieder zum Bett.

Der Mann half der Frau behutsam auf einen Platz im Heu.

»Aber er hat sie ja genau dahin gelegt, wo ich sonst schlafe«, beklagte sich das Schaf.

»Und du schläfst immer auf dem besten und weichsten Heu, habe ich bemerkt«, antwortete der Ochse.

»Warum scheint das Licht nur auf das Wirtshaus und unseren Stall?«, wunderte sich der Esel. »Was hat das zu bedeuten?«

Sie starrten auf den Stern, der so sonderbar hell leuchtete, sie aber überhaupt nicht blendete.

Da sah der Esel, dass das Gebirge umher auch von dem weichen Licht umsäumt war.

»Hört. Hört ihr das?«, sagte der Esel. Mit einem Mal erstarrte er, und seine Ohren begannen zu zittern.

»Singende Stimmen … schöne Stimmen … goldene Stimmen …«

Der Ochse blickte zum Schaf und schüttelte den Kopf.

»Der Esel führt sich immer so merkwürdig auf, wenn er überarbeitet ist«, sagte er flüsternd.

Sie standen still in der Tür, die Augen auf den leuchtenden Stern gerichtet.

Mit einem Mal wurde die Stille vom Schreien eines Neugeborenen durchbrochen, das zum ersten Mal das Licht der Welt erblickte.

Die drei Tiere wandten sich um und starrten auf das junge Paar.

Die Mutter lag im Heu. Der Mann lag auf Knien an ihrer Seite. Behutsam hob er das Neugeborene auf, wickelte es in ein Tuch und legte es an der Mutter Brust.

»Sie hat einen Jungen geboren«, flüsterte der Esel.

Die große Freude in den Augen der Mutter erfüllte ihn mit Ehrfurcht.

Das Kind ruhte. Ein winziges Wesen, ganz dicht an der Mutter Wärme.

Die Mutter summte ein Schlaflied und wiegte das Kind langsam hin und her. Bald schloss das Kind die Augen und fiel in Schlaf.

Ganz unverhofft kamen der Schankwirt, die Dienstmagd und der Küchenjunge in den Stall. Still wie Schatten näherten sie sich den Gästen und starrten auf den schlafenden Säugling.

Der Schankwirt stellte einen Krug eiskalten Wassers ins Heu. Die schlaftrunkene Dienstmagd legte ein Tuch neben den Krug, gefüllt mit Resten vom Essen.

Der Küchenjunge, der immer noch schmutzig vom Feuer war, auf das er geachtet hatte, legte frisches Stroh um das Paar.

Nicht ein Wort wurde zwischen ihnen gewechselt. Das Paar lächelte dankbar, und die drei Besucher verneigten sich und gingen so lautlos, wie sie gekommen waren.

»Du bist still, mein Freund Esel«, sagte der Ochse. »Woran denkst du?«

»Ich bin mir sicher, dass ich ganz alt werde«, flüsterte der Esel. »Ich glaube, ich bin der Auserwählte und trage eines Tages dieses Kind auf meinem Rücken, wenn es ein Mann geworden ist.

Und er wird die einzige Last sein, die ich in meinem Leben mit Stolz und Freude tragen werde.«

»Du hast ihn abgeleckt», sagte der Ochse. »Wieso?«

»Ich glaube, er wünschte sich, dass ich es tun würde«, sagte der Esel.

»Wie schmeckte er?«, fragte das Schaf, den Mund voller Heu.

»Ganz neu und frisch«, flüsterte der Esel.

Und fügte nachdenklich hinzu: »Wie nichts auf dieser Erde.«

Aus dem Norwegischen übersetzt von Andreas Brunstermann

Ingeborg Maria Sick

Weihnachten in Kakola

Einmal im Jahre naht doch die Zeit heran, wo Festgeläute durch die Lüfte dringt und das Surren der Tretmühle ganz zum Stehen kommt, wo die Menschen den Alltag wie ein altes Gewand abschütteln – einmal, wo es wirklich für alle so ziemlich auf dieselbe Weise Festtag wird, wo die Menschen sich für ein paar kurze Stunden dazu hergeben, froh zu sein und andere froh zu machen.

Das kommt vielleicht daher, weil dieses Fest, welches wir Weihnachten nennen, auf zarten Kinderfüßchen daherkommt und mit kleinen Kinderfingerchen anklopft, so dass die Menschen nicht das Herz haben, es abzuweisen. Alle die Kindheitserinnerungen an die liebe Weihnachtszeit sind ja mit dem Warten vor der Tür verknüpft, und in Gedanken sieht man sich wieder mit den eigenen Kinderhändchen nach dem Türschloss der Weihnachtsstube greifen …

Fast überall auf der weiten Welt darf dieses Fest in das Haus hineinschlüpfen und große und kleine Lichter anzünden. Ja, es darf wohl auch tiefer eindringen in Herz und Gemüt, wo es den einen oder andern sonst wohlverschlossenen Winkel aufleuchten lässt.

Durch alle Fenster strömt festliche Helle in die Nacht hinaus. Es ist, als fühle man da, wo der Christbaum angezündet wird, wo Menschen Weihnachtslieder singen und Kinder jubeln, die Heimatwärme und gemeinsame Freude bis tief ins Herz hinein.

Aber ein Ort ist ausgeschlossen, ein Haus ragt dunkel und freudlos zum Dezemberhimmel auf. In Kakola zu Abo merkt man nichts vom Christtag. Sind die Kinderhände der Weihnacht nicht imstande, die großen Tore mit den schweren, schweren Schlössern zu öffnen?

Dort klirren die Ketten wie gewöhnlich, dort fließen Tränen, dort brütet totes Schweigen oder ertönen harte Worte, Klagen, Verwünschungen.

Immerhin ist in der Bäckerei ein etwas festlicherer Umtrieb zu bemerken: Da wird Teig zu Weihnachtsbroten gerührt. Jeder Gefangene soll ein Weißbrot bekommen. Aber es soll nicht an einem heimatlichen, mit einem weißen Tuche bedeckten Tische und mit bekannten lieben Gesichtern ringsherum verzehrt werden; nein, in der bittern Einsamkeit der Gefängniszelle muss der Gefangene es essen – unter Verhältnissen und Umgebungen, die in schneidendem Widerspruch zu jedem festlichen Gedanken stehen.

In einem der langen Korridore unterhalten sich die Wärter über einige von den Gefangenen, von denen etwas Besonderes zu berichten ist.

Nordstedt treibt es nicht mehr lange, er wird wohl schon vor Abend tot sein. Aber das ist auch eigentlich das Beste, was dem armen Tropfe widerfahren kann. Er hat ja jene abscheulichen, grässlichen Krankheiten, man darf ihn wegen der Ansteckungsgefahr nicht einmal in die Krankenabteilung schaffen. Die Taubheit hat auch bei ihm zugenommen, man kann sich ihm kaum noch verständlich machen. Nichts ist mehr mit ihm anzufangen, man muss ihn einfach liegen lassen und kann nur ab und zu hineinsehen, ob es noch nicht zu Ende mit ihm ist.

Dann ist da ein anderer, ein junger Mensch, der sich wie ein Rasender gebärdet. Vorgestern hat er dem Wärter seine Schüssel mit Erbsen ins Gesicht geschleudert; zur Strafe ist seither in seiner Zelle nicht sauber gemacht worden, und es sieht böse darin aus – mit den Erbsen auf dem Boden – und es stinkt abscheulich. Jetzt hat man ihm das Halseisen angelegt und ihn an die Wand gefesselt, vielleicht beruhigt er sich allmählich.

Schlimmer noch steht es mit Björklund, der dort in seiner Zelle hin und her rennt und mit einem Schuhmachermesser fuchtelt. Man hat es ihm nicht entwinden können, als er nach getaner Arbeit das Handwerkszeug abliefern sollte. Jetzt ist er ganz wild. Er schwingt das Messer und ruft und schreit, dass in Kakola noch vor Abend ein Leben weniger sein werde. Man kann sein Geschrei weit auf den Gang hinaus hören, und es wird nichts anderes übrig bleiben, als dass mehrere Wärter mit einer Matratze hineingehen, ihn an die Wand drücken, ihn in ein Eisen legen und ihn dann in den Kellerraum hinunterschaffen.

In dieser Art lässt sich der Weihnachtsabend in Kakola an. Ach, wie soll da ein einziger Friedens- und Freudenschimmer den Weg hinein finden können?

Doch da ist jemand, der jetzt durchs äußere Tor eintritt. Da ist eine, die ihr Fest im eigenen Familienkreise geopfert hat, um zu versuchen, ob sie es nicht ein wenig festlich da drinnen gestalten könne, eine, die mit dem Christfest und der Christfreude im Herzen kommt, um denen, die keine haben, davon mitzuteilen.

Als sie eben ins Gefängnis getreten ist, lässt man ihr von der Bäckerei aus sagen, sie möge doch rasch einmal dahin kommen und den Teig für die Weihnachtsbrote versuchen, ehe mit dem Backen angefangen werde; und sie ist sogleich bereit dazu. Sie lobt den Teig und fragt, ob die Leute nicht ganz zuletzt ein wenig von dem am Rande zurückgebliebenen Teig zusammenscharren wollten, damit auch ein kleines Brötchen für sie gebacken werden könnte; sie möchte so sehr gerne auch eines haben.

Der Bäckermeister strahlt über das ganze Gesicht, denn in der Bäckerei ist eben ausgemacht worden, dass Fräulein Wrede das erste frischgebackene Weißbrot bekommen solle.

Zu diesem soll überdies Zucker genommen werden, und die Frau des Hausmeisters hat ein Ei dazu gestiftet.

Dann macht Mathilda ihre Runde im Gefängnis; ein schwerer, ein ermüdender Gang ist es, mit vielen peinlichen Eindrücken. Etwas erschöpft fühlt sie sich, und das Herz tut ihr weh.

Aber wo immer sie eintritt, da erhellen sich düstere, vergrämte Gesichter. Und in diesem hellen Schein liegt doch ein schwacher Abglanz des Festes.

Sie teilt Traktate, Weihnachtsbriefe und -karten aus, dann wird ihr gemeldet, dass Nordstedt im Sterben liege, und sie geht sofort zu ihm.

Sie lässt sich neben der niederen Matratze auf die Knie nieder und beugt sich über den Sterbenden, um ganz nahe an seinem Ohre zu reden – einzelne klare, deutliche Worte von der Weihnachtsbotschaft, die ihm ebenso gelte, wie sie einstmals vor Jahrhunderten den armen Hirten bei Bethlehem gegolten habe. Das Gesicht des armen Kranken ist ganz schmutzig; vorsichtig wischt Mathilda es ihm mit ihrem in etwas Wasser getauchten Taschentuch ab und flößt ihm dann ein paar Tropfen Milch ein. Er bewegt seine stummen, bläulichen Lippen zum Zeichen, dass er das, was sie sagt, versteht, und es ist, als tue ihm ihre sanfte Berührung wohl.

Als sie diese Zelle wieder verlässt, fühlt sie einen schneidenden Schmerz in der Brust, und ihr Mund füllt sich mit Blut. *Kann* sie ihre Runde vollenden? Sie muss – sie will. Für das herzzerreißende Mitleid, das sie mit ihren Freunden fühlt, ist dieser körperliche Schmerz, den sie ihretwegen leidet, fast eine Linderung.

Dann steht sie vor der Zelle des jungen Gefangenen, und die Wärter raten ihr dringend vom Hineingehen ab. Es sehe gräulich bei ihm aus, und es sei ein fürchterlicher Gestank drin! Aber Mathilda erwidert, das sei nur ein weiterer Grund zu einem kurzen Besuch.

Der Gefangene sieht ganz beschämt aus, als er Mathilda erblickt, und erklärt sogleich, dass dies kein Aufenthalt für sie sei. Die Luft ist zum Ersticken, aber Mathilda sagt, wenn er es hier aushalten könne, dann könne sie wohl auch einen Augenblick dableiben.

Und augenblicklich sagt er: »Ich bitte um Entschuldigung,

weil ich mich so schlecht aufgeführt habe! Ich bin selbst schuld daran, dass es hier so gräulich aussieht.«

Mathilda bleibt auf demselben Fleck stehen und richtet fröhliche und freundliche Worte an ihn.

Nach einem Weilchen fragt er, wie es denn möglich sei, dass sie ihn als Mensch, als ihresgleichen behandle. Sie antwortet: »Weil Sie ein Mensch sind. Und trotzdem Sie Ihre Zelle so abscheulich zugerichtet haben, sehe ich doch sehr viel Gutes und Schönes an Ihnen, das Sie nur hervortreten lassen sollten.«

Da sagt er plötzlich: »Glauben Sie, dass Gott allen Menschen helfen kann?«

»Ja, unbedingt«, antwortet Mathilda.

»Wollen Sie dann um Hilfe für mich beten?«

»Ja, von Herzen gerne.«

»Denn, sehen Sie – ich habe jetzt ein so großes Verlangen, dass ein guter Mensch Gott etwas von mir sagen, so recht auf den Knien für mich beten möchte.«

Mathilda versetzt rasch: »Gott hört uns ebenso gut, ob wir stehen oder sitzen.«

»Ja – aber man hat das Gefühl, dass es ernstlicher ist, wenn jemand kniend betet.«

Mathilda Wrede hat an diesem Tag ein neues Kleid an – und sie ist sich wohl bewusst, dass ihr erster unwillkürlicher Gedanke dem entsetzlichen Boden in der Zelle und ihrem Kleide gegolten hat. Aber entschlossen schließt sie nun die Augen, um im Gebet nicht abgelenkt zu werden – kniet auf der Stelle, wo sie steht, nieder und betet für den Gefangenen.

Als sie geendet hat, sagt er: »Nun ist mir, als dürfe ich glauben, dass noch ein guter Mensch aus mir werden kann.«

Sie trennen sich als Freunde, sie verstehen einander. Und – es ist fast unglaublich – ihr Kleid hat nicht einen einzigen Flecken bekommen.

Dann ist da Björklund. Eben jetzt wollen die Wärter ihn in den Keller hinunterschaffen, den wilden Banditen!

Aber Mathilda tritt vor die Tür der Zelle. »Nein«, sagt sie. »Es ist Christtag – heute wird niemand in den Keller geschafft. Jetzt will ich einmal hineingehen.«

Nach einigem Zögern wird ihr die Tür aufgeschlossen, und sie sagt sogleich: »Seien Sie ruhig, Björklund, ich bin's nur.«

»Sind die andern dabei?«, schreit er. »Die sollen sich in Acht nehmen. Ich schlage sie alle tot!«

»Nein, es kommt niemand mit mir herein«, antwortet Mathilda. Und als sie in der Zelle steht, sagt sie: »Aber was ist nur mit Ihnen los, Björklund?«

»Ich hab darauf geschworen, dass hier heute noch einer sein Leben lassen muss!«, schreit er und schwingt dabei das Messer.

»Das glaube ich nicht«, versetzt sie. »Denn es ist ja heute Weihnachten. Da kann doch sicherlich niemand daran denken, einem andern das Leben zu nehmen. Da ist ja gerade vom Himmel her Leben auf Erden geboren worden, und Gott will uns allen ein Leben geben – neues, reines Leben, damit wir zu ihm kommen können … So, und nun geben Sie mir das Messer, bitte!« Damit streckt sie ihm die Hand entgegen.

»Nein, das tu ich nicht! Sie sagen ja immer, man müsse sein Wort halten, und ich hab darauf geschworen, dass ich dieses Messer nicht aus der Hand gebe, bis ich es gegen jemand gebraucht habe.«

»Es ist mir lieb zu hören, dass Sie jetzt im Sinne haben, treu im Worthalten zu sein. Das soll man ja auch. Aber bedenken Sie doch, heut ist Heiliger Abend. Wie, wenn Sie mir nun das Messer als Weihnachtsgeschenk geben würden? Der Bäcker schenkt mir ein Weißbrot – mit Ei und Zucker darin – da könnten Sie mir wohl das Messer schenken.«

Der Gefangene stellt sein Schreien ein. Seine sinnlose Aufregung fängt an nachzulassen, aber er bleibt bei seiner Weigerung: »Nein, ich geb es nicht her!«

Plötzlich sagt Mathilda: »Nun, dann also nicht. Aber – wenn

ich Ihnen nun das Messer wegnehme, dann brechen Sie ja Ihr Wort nicht.«

Der Gefangene versetzt zögernd: »Nein – aber –«

»Strecken Sie die Hand her«, fährt Mathilda fort, »dann will ich es versuchen!«

Unwillkürlich streckt er ihr die Hand entgegen. Mathilda ergreift sie und fängt an, einen von seinen Fingern aufzubiegen. Aber hurtig macht er ihn wieder zu. »Nein, nein«, sagt sie, »das muss ausgemacht sein, dass Sie die Finger, die ich aufbekommen habe, nicht wieder zumachen. Sonst kostet es zu viel Zeit. Jetzt versuch ich es noch einmal.«

Gegen seinen Willen muss der Gefangene lächeln, als sie aufs Neue seine Finger aufzubiegen versucht. Das ist ja wie ein Spiel. Lange, lange ist es her, dass er sich an einem Spiel beteiligt hat! Aber es ja auch Heiliger Abend …

Behutsam biegt Mathilda seine Finger auf: einen, zwei, drei. »Das ist gut! So jetzt – jetzt kann ich das Messer fassen! Und nun nehme ich es Ihnen weg – dann haben Sie es nicht hergegeben.«

Hierauf setzt sie sich zu dem Gefangenen und spricht in fröhlichem Tone mit ihm. Als sie geht, ist der große, starke Mann ganz ruhig und freundlich wie ein Kind.

Auf dem Gang draußen stößt Mathilda auf einen der Wärter, dem sie das Messer übergibt: »Melden Sie Björklund des Messers wegen nicht, versprechen Sie es mir, denn es ist ja Heiliger Abend«, sagt sie. »Björklund hat im Sinn, von jetzt an ein sehr guter Mensch zu werden, der immer sein Wort hält. Bloß deshalb hat er auch das Messer nicht hergeben wollen – denn er hatte sich geschworen, es nicht zu tun. Aber ich durfte es ihm gleich wegnehmen.«

Der Wärter lächelt gutmütig. An Björklunds Zuverlässigkeit glaubt er nicht so recht, er neigt viel eher zu der Anschauung, dass ihm ein kleiner Aufenthalt im Keller recht gut getan hätte.

Aber es ist ja Heiliger Abend – wie Fräulein Wrede sagt –, da mag es ihm für diesmal hingehen.

Weiter, weiter – von Zelle zu Zelle … Überall wünscht Mathilda »Gesegnete Weihnachten!« Und alle Gefangenen erwidern: »Auch Ihnen gesegnete Weihnachten!« Der schlimmste von den Verbrechern sagt: »Gott lohne es Ihnen!«

Als sie am Abend das Gefängnis verlässt, um nach dem ihr zur Verfügung gestellten kleinen Zimmer in der Wohnung des Direktors zu gehen, strahlt in der ganzen Stadt heller Weihnachtskerzenschein zu allen Fenstern heraus. Da sind viele tausend strahlende Weihnachtsbäume – viele tausend warme, glückliche Heimstätten, wo gesungen und gejubelt wird – –

Nur das große Gefängnisgebäude ragt einsam und dunkel ohne Lichterglanz in die Nacht empor, es steht außerhalb aller Festfreude.

Nein, nein – es steht dennoch innerhalb. Denn Gottes Liebe umfasst alle Seelen dort drinnen – Gottes Weihnachtsgabe wird jedem einzelnen von ihnen dargereicht. Und wenn es Mathilda gelungen ist, die lichtbringende Botschaft in die düsteren Zellen, in die umnachteten Herzen zu bringen – dann hat sie selbst den frohesten Weihnachtsabend gehabt, trotz Entbehrung und Einsamkeit und Heimweh.

Aus dem Dänischen übersetzt von Pauline Klaiber-Gottschau

Regine Normann

Das lästige Geschenk

Es war noch früh am Morgen, der letzte Schultag vor Weihnachten. Durch die Fenster im Klassenzimmer konnte ich kaum die Zeiger der Kirchenuhr erkennen, so dicht war der Nebel da draußen; meine eigene Uhr hatte ich vergessen. Es war schon zehn vor acht, ich musste mich also beeilen, wollte ich mit allem fertig sein, bevor es zur ersten Stunde klingelte.

Die Wichtelfamilie auf der Klapptafel und den großen Weihnachtsstern auf der Tafel über dem Pult hatte ich gestern schon gemalt, jetzt musste ich noch das Lametta im geschmückten Weihnachtsbäumchen auf dem Tisch verteilen, Apfelsinen und Süßigkeiten in kleinen Haufen unter die Zweige legen und die beiden Kerzen auf dem Pult anzünden.

Da ging die Klassentür auf.

Ein Junge aus der siebten Klasse kam herein, in der Hand ein Paar neue Skier, und fragte mich im Namen der Sportlehrerin, ob ich das für einen meiner Jungen haben wolle.

– Grüß sie von mir und sag ihr meinen Dank, antwortete ich so freundlich wie möglich, doch insgeheim hielt ich es eher für ein lästiges Geschenk. Meine Schüler waren mir alle gleich lieb und teuer, und jetzt war ich gezwungen, während unserer kleinen Weihnachtsfeier einen von ihnen auszuwählen, ohne dass ich auch allen anderen eine Freude machen konnte.

Ich stellte die Skier etwas abseits neben den Schrank, zündete die Kerzen auf dem Pult an und schaltete das Deckenlicht aus.

Der geschmückte Weihnachtsbaum glitzerte farbenfroh im gedämpften Kerzenlicht, als die Jungen herausgeputzt in ihren besten Sonntagskleidern ins Klassenzimmer marschierten.

– Oh wie schön! kam es aus allen Kindermündern, – sieh nur, die Wichtel, rief einer. – Schau hier, schau dort! hörte ich sie aufgeregt miteinander sprechen, während immer mal einer aus der

Reihe ausscherte und sich zum Pult hochstreckte, um ein Päckchen oder eine Karte daraufzulegen. Es waren Geschenke für ihre Lehrerin, und zufrieden trotteten die Geber weiter, bis schließlich alle Schüler auf ihrem Platz saßen und nach vorn zu der Wichtelfamilie und dem Weihnachtsbaum sahen.

Doch da bemerkte einer von ihnen die Skier neben dem Schrank, er tuschelte mit seinem Tischnachbarn, und schon hatte es die ganze Klasse mitbekommen.

– Die sind ganz neu, sagte einer. – Solche habe ich auch, sagte ein anderer. – Mein Bruder hat genau die Gleichen, sagte der Nächste laut, und schon riefen sie alle durcheinander und waren nicht mehr zu bremsen.

Ich schaltete das Deckenlicht ein. Die besinnliche Stimmung, auf die ich gesetzt hatte, war dahin, also sollten sie sich jetzt in Ruhe an den Skiern sattsehen, während ich ihre Namen aufrief und im Klassenbuch abhakte.

In der zweiten Reihe saß ein Trumm von einem Jungen. Er war älter als die anderen. Birger hieß er. Ein wahrer Trotzkopf. Sein blonder Haarschopf war genauso schwer zu bändigen wie der ganze Junge.

Völlig hin und weg starrte er die Skier an und vergaß darüber nicht nur zu antworten, als ich seinen Namen aufrief, sondern auch, sich zur Morgenandacht zu erheben.

Erst als sein Tischnachbar ihn mit dem Ellenbogen in die Seite stieß, stand er langsam auf. Doch vom Weihnachtsevangelium, das alle auswendig im Chor aufsagten, bekam er nicht viel mit, und er sang auch den Psalm nicht mit. Für ihn gab es nur noch diese Skier, sie hatten ihn völlig in ihren Bann gezogen.

In der zweiten Stunde zündeten wir die Kerzen am Weihnachtsbaum an, stellten uns im Kreis darum auf und sangen die Lieder, wie wir für diesen Tag gemeinsam geübt hatten. Im Klassenraum über uns hörten wir aufgeregtes Getrappel, und aus der Klasse unter uns und von der anderen Seite des Flurs schallten fröhliche Gesänge zu uns herüber. Weihnachten hielt Einzug und verbreitete Glanz und Glück in der ganzen Schule mit all ihren nie enden wollenden Mühen und Herausforderungen.

Es gibt für mich nichts Schöneres als eine freudige Kinderschar um einen geschmückten Weihnachtsbaum. Diese Hingabe und diese kindliche Gewissheit, dass der kleine Jesus auf die Welt gekommen war.

Nur Birger wirkte verschlossen, kein Funken Freude war in seinem Gesicht zu erkennen, als er zwischen all den glücklichen Jungen im Kreis stand und ununterbrochen zu den Skiern hinüberlinste.

Was hatte ich mich mit diesem Jungen abgeplagt. Er kam als Sitzenbleiber in meine dritte Klasse, und war damals einer der faulsten Schüler, mit denen ich es je zu tun gehabt hatte. Aber er war begabt, und ich wusste nur zu gut, dass das Einzige, was ihn davor bewahren konnte, auf die schiefe Bahn zu geraten und als arbeitsscheuer Nichtsnutz zu enden, war, seine Begabungen für sein eigenes Wohl zu nutzen.

Ich nahm also den Kampf auf. Es wurde einer der härtesten, die ich je gekämpft hatte. Der Junge war faul und uneinsichtig. Taub gegenüber allen Ermahnungen, taub gegenüber allen Ermunterungen – taub und blind und absolut unerreichbar, welche Form der Erziehung ich auch wählte.

Es stimmt, dass ich seinetwegen so manche Träne vergossen habe. Ich habe zu Gott gebetet, dass er dem Jungen nur einen Funken Arbeitseifer schenken möge. Aber es stimmt auch, dass ich, als einfach nichts von alledem Wirkung zeigen wollte, zum Rektor gegangen bin und ihn regelrecht gezwungen habe, Birger mit der Rute zu züchtigen.

Das half genau so wenig.

Dann kam Pfingsten. Ich verbrachte keine einzige glückliche Stunde an diesem langen Wochenende, so sehr grämte ich mich über diesen unbequemen Jungen, der so viel Widerstand leistete und einfach zu nichts zu bewegen war.

Am Mittwoch nach Pfingsten begann die Schule wieder. Alle waren sie zurück, Birger mit einer riesigen schwarzblauen Beule auf der Stirn und einem zugeschwollenen Auge.

Er hat sich geprügelt, der Bengel, dachte ich. Aber ich ging nicht zu ihm, um ihm auf die Wunden zu pusten, wie ich es bei jedem anderen von ihnen getan hätte.

Einer der Jungen reckte seinen Arm in die Höhe.

– Fräulein, ich möchte etwas sagen, kam es mit Nachdruck aus seinem Mund.

So erfuhr ich, dass dieser Junge, den ich schon fast aufgegeben hatte, unter Einsatz seines ganzen Körpers ein Vogelnest vor ein paar größeren Jungen beschützt hatte, die es auf die Eier darin abgesehen hatten. Mit Steinen hätten sie nach ihm geworfen, ihn beschimpft und mit Prügeln gedroht, erzählte sein Mitschüler; doch am Ende waren sie es und nicht Birger, die sich geschlagen geben mussten.

Mir wurde heiß und kalt, so sehr schämte ich mich. Ich war die Lehrerin, und ich hatte versagt, als es am meisten darauf ankam, an das Gute in einem Kind zu glauben, für das ich verantwortlich war.

Schnell stand ich vom Pult auf und ging zu seinem Tisch.

– Bitte verzeih mir, Birger, dass ich auch nur eine Sekunde daran gezweifelt habe, dass Du das Herz am rechten Fleck hast, sagte ich und pustete zur Linderung vorsichtig auf sein geschwollenes Auge.

Von diesem Tag an machte er seine Hausaufgaben und war bald der fleißigste Junge in der ganzen Klasse.

Und jetzt stand er mit den anderen Kindern im Kreis und konnte seine Augen nicht von den Skiern lassen. Vielleicht hatte er keine eigenen und musste untätig zusehen, wenn die anderen sich vergnügten.

– Kannst Du skispringen, Birger? fragte ich ihn, um zu sehen, wie die Klasse darauf reagierte.

Er wurde rot und schwieg. Stattdessen antwortete einer der

anderen und erzählte eifrig, dass Birger der Beste an der Sprungschanze war, wenn ihm nur einer seine Skier auslieh.

Als die Jungen wieder an ihren Plätzen saßen und glücklich die Apfelsinen und Süßigkeiten verspeisten, holte ich die Skier aus der Ecke.

– Dann sollst Du sie bekommen, Birger, damit Du endlich Deine eigenen hast, sagte ich und hob die Skier über seinen Tisch.

– Oh ja, Fräulein, Birger soll sie haben! riefen die anderen Jungen.

Ein kurzes Strahlen zog über sein Gesicht, dann streckte er die Hände aus, murmelte ein Danke, und die Skier gehörten ihm.

Aus dem Norwegischen übersetzt von Dörte Giebel

Peter Christen Asbjørnsen und Jörgen Moe

Das Kätzchen auf Dovre

Es war einmal ein Mann oben in Finnmarken, der hatte einen großen weißen Bären gefangen, den wollte er dem König von Dänemark bringen. Nun traf es sich so, dass er grade am Weihnachts-Abend zum Dovrefjeld kam, und da ging er in ein Haus, wo ein Mann wohnte, der Halvor hieß; den bat er um Nachtquartier für sich und seinen Bären.

»Ach, Gott helf mir!«, sagte der Mann: »Wie sollt' ich wohl jemandem Nachtquartier geben können! Jeden Weihnachtsabend kommen hier so viel Trollen, dass ich mit den meinigen ausziehen muss und selber nicht einmal ein Dach über dem Kopf habe.« –

»O, Ihr könnt mich deswegen immer beherbergen«, sagte der Mann: »Denn mein Bär kann hier hinter dem Ofen liegen, und ich lege mich in den Bettverschlag.«

Halvor hatte nichts dagegen, zog aber selbst mit seinen Leuten aus, nachdem er zuvor gehörig für die Trollen hatte zurichten lassen: Die Tische waren besetzt mit Reisbrei, Stockfischen, Wurst und was sonst zu einem herrlichen Gastschmaus gehört.

Bald darauf kamen die Trollen an; einige waren groß, andre klein; einige langgeschwänzt, andre ohne Schwanz; und einige hatten ungeheuer lange Nasen, und alle aßen und tranken und waren guter Dinge. Da erblickte einer von den jungen Trollen den Bären, der unter dem Ofen lag, steckte ein Stückchen Wurst an die Gabel und hielt es dem Bären vor die Nase. »Kätzchen, magst auch Wurst?«, sagte er. Da fuhr der Bär auf, fing fürchterlich an zu brummen und jagte sie alle Groß und Klein aus dem Hause.

Das Jahr darauf war Halvor eines Nachmittags so gegen Weihnachten hin im Wald und haute Holz für den Heiligen; denn er erwartete wieder die Trollen. Da hörte er es plötzlich im

Wald rufen: »Halvor! Halvor!« – »Ja!«, sagte Halvor. »Hast du noch die große Katz?«, rief's. »Ja«, sagte Halvor: »Jetzt hat sie sieben Jungen bekommen, die sind noch weit größer und böser als sie.« – »So kommen wir niemals wieder zu dir!«, rief der Troll im Walde. Und von der Zeit an haben die Trollen nie wieder den Weihnachtsbrei bei Halvor auf Dovre gegessen.

Aus dem Norwegischen übersetzt von Friedrich Bresemann

Selma Lagerlöf

Der Sturm

Am zweiten Weihnachtsfeiertag im Jahre 1800 brauste ein Sturm über den Lövseer Bezirk in Värmland hin, dass es zum Erbarmen war. Man konnte nichts anderes mehr denken, als dass alles, was auf der Erde war, mit Stumpf und Stiel ausgerottet werden sollte.

Kommet nun nicht und saget, es hätten gewiss früher schon und auch später ebenso heftige Stürme gewütet, und jedenfalls saget das nicht zu einem alten Bewohner des Lövseer Bezirks, denn die haben von ihrer Kindheit an immer gehört, dass man einen ähnlichen Sturm überhaupt nicht mehr erleben könnte.

Heute noch können sie alle die Zäune aufzählen, die umgeweht, und alle die Strohdächer, die weggefegt wurden, sowie alle die eingestürzten Viehställe, unter deren Dachstühlen dann das Vieh mehrere Tage lang begraben lag. Auch können sie dir alle die Orte zeigen, wo Feuer ausbrach, dessen man in dem Sturm nicht Herr werden konnte, bis das ganze Dorf abgebrannt war. Und sie sind auch auf allen den Höhen und Berggipfeln gewesen, wo Baum an Baum herausgerissen am Boden lag, dass es dort seither gerade wie abrasiert aussieht.

Nun weiß man ja wohl, dass die Leute zu sagen pflegen: Das sei ein böser Wind, der nicht wenigstens irgendjemand etwas Gutes bringe. Aber dass dieses auch von dem Sturm am zweiten Weihnachtsfeiertag gelten könnte, das hätte doch wirklich kein Mensch gedacht, denn er richtete ja nur ein Unglück ums andere an.

Wer aber von allen Menschenkindern am wenigsten glauben wollte, dass dieser Sturm vielleicht auch etwas Gutes bringen könnte, war doch wohl die »Kleine« vom Koltorpet. Nein, sie hätte es nun und nimmer geglaubt, als sie am Morgen des zweiten Weihnachtsfeiertags dort am Waldrand stand und sah, wie

Schnee, Asche, Kehricht und alles, was der Wind mit fortriss, über das Tal zu ihren Füßen wie ein Rauch hinwogte.

Niemals, in ihrem ganzen Leben nicht, und sie war doch schon dreizehn Jahre alt und ging ins vierzehnte, war ein solches Missgeschick über die »Kleine« hereingebrochen.

Sonst gelang es ihr eigentlich immer, bei allem, was ihr widerfuhr, mochte es noch so schwer sein, ihre gute Laune aufrechtzuerhalten; dies aber war fast mehr, als sie ertragen konnte.

Ja, wahrhaftig, beinahe wären ihr die Tränen in die großen glänzenden Augen getreten und ihr über das blasse, magere Gesichtchen herabgelaufen!

Das kleine Mädchen war ein wenig vor den Waldessaum herausgetreten, wie um zu probieren, wie stark der Sturm sei; und sofort zerrte er an ihrem Kopftuch, trommelte auf ihrer kurzen, weißen Schafpelzjacke und wirbelte ihr das eigengewobene Röckchen so fest um die Beine, dass sie beinahe umgefallen wäre.

Sie war nicht allein; die Mutter und Bubi waren auch dabei. Alle beide waren genauso gekleidet wie die Kleine, in kurzen Jacken aus weißem Schaffell und in Röcken aus schwarzem steifem Fries. Und anders hätten sie auch gar nicht gekleidet sein können, denn die Kleine erbte alle ihre Kleider von Mutter, und Bubi erbte sie von der Kleinen. Der einzige Unterschied zwischen den dreien war, dass die beiden andern, obgleich sie ebenso warm angezogen waren wie die Kleine, nicht aus dem Wald herausgetreten, sondern im Schutz der Bäume stehen geblieben waren.

Die Mutter und Bubi hatten ebenso magere, abgezehrte Gesichter wie die Kleine und auch ebenso klare kluge Augen, und beide dachten auch dasselbe wie sie: dass dieser Sturm doch ein rechtes Missgeschick sei. Auch waren sie ebenso betrübt und hätten am liebsten gleich zu weinen angefangen.

Aber die beiden drinnen im Walde sahen lange nicht so verzweifelt aus wie das kleine Mädchen.

Dieses stand gerade auf dem Berggipfel, ihr wisst, dort über dem Bäckhof im Broer Kirchspiel, und sie konnte mit den Augen den Weg verfolgen, der sich in großen Windungen bis zur Broer Kirche hinunterschlängelt.

Aber was sah sie da? Die Bauersleute, die schon im Schlitten auf dem Wege nach der Kirche waren, drehten um und fuhren wieder heimwärts. Mehr brauchte die Kleine nicht zu sehen, um zu verstehen, dass Mutter und Bubi die zwei Meilen bis nach dem Nyhof im Svartsjöer Bezirk, wohin sie zum Weihnachtsschmaus eingeladen waren, ganz unmöglich zu Fuß zurücklegen könnten.

Als die Kleine sich das klar gemacht hatte, ballte sich ihre Hand in dem Handschuh ganz unwillkürlich zu einer Faust.

Ach, wenn es nur drinnen im Walde, wo sie wohnten, nicht so ruhig und still gewesen wäre! Wenn sie nur hätten ahnen können, was das für ein Wetter war, ehe sie bis hier an den Waldessaum gekommen waren! Dann wären sie überhaupt nicht von Hause fortgegangen, und das wäre ihr viel lieber gewesen!

Denn ihr müsst wissen, der Kleinen kam nichts erbärmlicher vor, als wenn sie wieder umdrehen musste und nicht dahin kommen konnte, wohin sie wollte.

Wenn sie nur wenigstens nicht das ganze Jahr hindurch immerfort an diesen zweiten Weihnachtsfeiertag, wo sie nach Nyhof gehen durfte, gedacht hätte! Wenn nur nicht gerade in diesem Augenblick die großen dampfenden Kessel, die langen Tische mit den weißen, bis auf den Boden herabhängenden Tischtüchern und den großen Butterbrotbergen darauf vor ihr aufgetaucht wären! Wenn nur nicht sie und Bubi jedes Mal, sooft die Mutter ihnen nichts zu essen geben konnte, zueinander gesagt hätten: »Wenn wir beim Oheim auf dem Nyhof zum Weihnachtsschmaus sind, dann wollen wir uns aber satt essen!«

Ach, ach! Wenn sie daran dachte, dass dort drunten jetzt süße Suppe mit Rosinen gekocht wurde, dass es da Reisbrei und

Kuchen gab, und Eingemachtes und Kaffee mit mürbem Backwerk, und dass sie nichts davon bekommen sollte!

Sie war über die Maßen zornig und wünschte geradezu, es möchte jemand in der Nähe sein, an dem sie ihren Zorn auslassen könnte. Und sie dachte in ihrem Herzen, der Sturm hätte auch mehr Verstand haben können, als gerade an diesem Tage zu kommen. Festtag war es, da brauchten sie nicht die Mühle zu drehen, und Winter war es, da brauchten sie nicht auf dem See zu helfen, sondern waren frei von aller Arbeit. Aber was konnte es nützen, wenn sie es auch dem Sturm zurief?

Die Strecke, die sie jetzt vor sich hatten, war die schwierigste vom ganzen Wege. Von hier ging es abwärts an Helgesäter vorbei, dann über die Brobyer Hügel nach dem Lövsee und der Kirche und über die großen Felder des Pfarrhofs, weil dort offenes, unbewaldetes Land war, über das der Weg hinführte. Wenn sie nur erst dort vorbei waren und sich dann die Hedebyhügel hinaufarbeiten konnten, dann hatte es keine Gefahr mehr, denn von da an führte der Weg immer durch Wald.

Die Kleine meinte, es sehe doch gar nicht so furchtbar schlimm aus, und sie müssten wenigstens noch einen Versuch machen. Schlimmer als schlimm könnte es jedenfalls nicht ausfallen.

Sie war sogar ganz befriedigt, solang Mutter dort drüben stand und überlegte. Da war es doch immerhin noch möglich, dass sie sich zum Weitergehen entschloss. Aber o weh! jetzt eben machte Mutter eine Bewegung, wie um in den Wald zurückzugehen, und Bubi tat selbstverständlich ganz wie die Mutter.

Da ging die Kleine in der entgegengesetzten Richtung den Hügel hinunter. Zuerst ganz langsam, dann aber immer schneller, denn der Wind kam von hinten her und trieb sie eiligst vorwärts, sie musste geradezu laufen. Sie hütete sich wohl, zurückzusehen; denn sie fürchtete, Mutter und Bubi würden ihr dann Zeichen machen, sie solle wieder umdrehen. Ja, sie war fast sicher, dass sie ihr jetzt eben riefen, um sie aufzuhalten. Aber darum brauchte sie sich nicht zu kümmern, denn jetzt, wo sie so recht in den Sturm hineingeraten war, lärmte und donnerte es um sie her, dass sie gar nichts hören konnte.

Es war nicht wahrscheinlich, dass Mutter ihr nachlaufen und sie festhalten würde, denn Mutter musste ja Bubi an der Hand führen, damit er nicht umgeweht wurde, und so kam sie nicht rasch vorwärts.

Deshalb bekam indes das kleine Mädchen durchaus keine Lust, umzudrehen, nein, durchaus nicht; aber sie musste sich jetzt doch gestehen, dass das Wetter viel schlimmer war, als sie geglaubt hatte.

Über ihrem Kopfe kamen große schwarze Vögel mit flatternden Schwingen dahergesaust, die der Wind vor sich her jagte und ganz zerfetzte; schließlich hatten sie weder Federn noch Körper mehr. Die Kleine dachte, so etwas Unheimliches habe sie noch nie gesehen, bis sie schließlich zu ihrer Verwunderung erkannte, dass es große Strohbüschel waren, die von irgendeinem Dach losgerissen worden waren.

Sooft sie einen Schritt dem Wind entgegen machte, erhob sich dieser vor ihr wie ein sich bäumendes Pferd und wollte sie umwerfen; machte sie aber einen Schritt mit dem Wind, so stieß er sie vorwärts, und sie musste mit krummen Knien und vorgebeugtem Rücken gehen, um ihm einigermaßen Widerstand leisten zu können. Dieses beständige Ankämpfen machte sie schrecklich müde, und schließlich hatte sie das Gefühl, als müsse sie einen vollbepackten Karren ziehen.

Und von Norden her kam der Wind und brachte eine Kälte mit, als hätte er mit Leichen getanzt. Er war überaus scharf und heftig und drang durch ihre Pelzjacke und den Friesrock mit Eiseskälte in ihren Körper hinein. Daraus machte sie sich zwar nicht viel; aber sie fühlte wohl, wie ihr die Zehen in den mit Pechdraht genähten Stiefeln erstarrten, wie ihr die Finger in den wollenen Fausthandschuhen klamm wurden, und wie sie die

Ohren unter dem Kopftuch brannten; aber trotzdem ging sie weiter, bis sie den ganzen langen Hügel hinuntergekommen war. Erst als sie in der Talsenkung stand, hielt sie an und wartete auf die beiden andern.

Und als diese endlich auftauchten, ging sie ihnen entgegen.

»Es wäre wohl am besten, wenn wir wieder heimgingen«, sagte sie. »Denn den Nyhof können wir ja doch nicht erreichen.«

Aber nun war Mutter böse und Bubi auch, und sie sagten sich, dieses kleine Mädchen solle sie nicht nur so regieren und sagen dürfen, wenn sie vorwärts gehen und wenn sie umdrehen sollten.

»O nein«, sagte die Mutter, »wir drehen nicht um; nun sollst du jedenfalls zum Weihnachtsschmaus kommen, da du so sehr erpicht darauf bist.«

»Ja, du sollst so viel Wind zu schlucken bekommen, dass du für viele Wochen genug hast«, fügte Bubi hinzu.

Damit ging Mutter mit Bubi weiter, und die Kleine musste ihnen folgen, so gut sie konnte.

Als sie den Uvhof erreicht hatten, begegneten ihnen die Wanderlotte und der Betteljon. Und diese beiden, die sich sonntags und werktags in der Gegend herumzutreiben pflegten und an jegliches Wetter gewöhnt waren, hielten die Hände wie eine Trompete vor den Mund und riefen den drei Daherkommenden zu, sie sollten eiligst nach Hause zurückkehren, denn weiter drunten nach dem See zu sei es eisig kalt, sie würden da erfrieren.

Trotzdem gingen Mutter und Bubi weiter. Sie waren noch immer böse auf die Kleine und wollten, sie solle so recht zu schmecken bekommen, was für ein schreckliches Wetter es war.

Jetzt kam ihnen das Pferd von Erik auf Falla entgegen. Es zog einen leeren Schlitten hinter sich her, denn der Sturm hatte Erik auf Falla den Hut vom Kopf gerissen; und während er um die Zäune herumlief, über Hofmäuerchen kletterte und in den Gräben herumkroch, um seines Hutes wieder habhaft zu werden, war das Pferd des Stillestehens überdrüssig geworden und hatte sich auf den Heimweg gemacht.

Aber Mutter und Bubi sahen aus, als komme ihnen das gar nicht merkwürdig vor; sie gingen einfach weiter.

Sie hielten auch nicht an, bis sie oben auf den Brobyer Hügeln angekommen waren. Aber da gerieten sie in einen großen Haufen von Menschen, Pferden und Schlitten hinein, die hier hielten und nicht weiterkonnten. Denn siehe! die große Brobyer Tanne, die so hoch gewesen war, dass man sie gerade wie den Gurlittagipfel aus weiter Ferne hatte sehen können, war vom Sturm gefällt worden und lag quer über den Weg. In der naheliegenden Brobyer Kirche aber sollten Jan von Gullåsa und Britta von Kringåsa getraut werden. Und der alte Jan Jansa von Gullåsa und die alte Mutter von Kringåsa, sowie die Nachbarn und Verwandten und der Spielmann Jöns und die schöne Gunnar von Högsjö und viele andere, die mit im Hochzeitszug gehen sollten, standen nun da und konnten nicht weiter. Sie redeten eifrig durcheinander und erklärten, sie seien schon zweimal von umgewehten Bäumen aufgehalten worden; bisher hätte man sie wegschaffen können, bei dieser Tanne hier aber wüssten sie sich nicht zu helfen.

Der alte Vater von Gullåsa ging umher und bot den Leuten Branntwein an; aber weiter konnten sie deshalb doch nicht. Die Braut war aus dem Schlitten gestiegen und weinte, weil der ganze Weg zur Kirche so voller Hindernisse war; und der Wind riss rote Tüllrosen und grünseidene Blätter aus den Borten ihres Kleides, dass die Leute, die später am Tage dieses Weges durchs Kirchspiel gezogen kamen, nichts anders glaubten, als der Sturm habe einen wilden Rosenbusch in einem Zauberwald ausfindig gemacht, dort die Blumen und Blätter mit fortgerissen und sie über die Hecken und Raine gestreut.

Aber Mutter und Bubi hielten nicht an, weil die Tanne quer über dem Weg lag; sie krochen unten durch und wanderten weiter, denn sie dachten, die Kleine werde noch eine ganze Weile nicht genug vom Sturm haben.

Und sie kamen auch wirklich bis zum Kreuzweg und bis zum Brobyer Gasthaus!

Da erblickten sie die Majorin Samzelius, die mit zwei Pferden in einem bedeckten Schlitten dahergefahren kam. Und erst als sie sahen, dass die Majorin unter Dach saß, begriffen die beiden wohl ganz, wie schrecklich das Wetter tatsächlich war; denn die Majorin gehörte sonst nicht zu denen, die sich vor etwas fürchteten. Als die Majorin aber der beiden ansichtig wurde, streckte sie die geballte Faust unter dem Schutzdach hervor, drohte ihnen und rief ihnen mit einer Stimme, die man noch durch das Brausen des Sturmes hindurch verstehen konnte, zu:

»Mach, dass du heimkommst, Marit von Koltorp! Bei so einem Wetter, wo ich sogar im verdeckten Schlitten fahren muss, darfst du nicht mit deinen Kindern draußen sein!«

Aber Mutter und Bubi dachten, für die Kleine werde es ganz gut sein, wenn sie noch eine Weile mit dem Wind kämpfen müsse.

Als sie jetzt die Brücke erreichten, die über den schmalen Sund zwischen dem oberen und dem mittleren Lövsee führte, mussten sie ganz am Brückengeländer hinkriechen. Hier brauste der Sturm schrecklicher als je zuvor, und sie wären gewiss ins offene Wasser hineingetrieben worden, wenn sie aufrecht zu gehen versucht hätten.

Als sie die Brücke glücklich hinter sich hatten, waren sie halbwegs nach dem Nyhof, und nun begann die Kleine zu glauben, dass sie wirklich noch zum Weihnachtsschmause recht kommen würden.

Aber kaum hatte sie das gedacht, als sich auch schon ein neues Hindernis einstellte. Wahrscheinlich war die heftige Kälte auf der Brücke für Bubi zu viel gewesen; der arme Kerl war kalt wie ein Eiszapfen. Er warf sich platt auf den Boden und wollte keinen Schritt mehr weiter. Die Mutter hob ihn auf, schüttelte ihn und lief mit ihm ins nächste beste Haus hinein.

Die Kleine erschrak sehr und lief eiligst hinter der Mutter her. Sie wusste nicht mehr, was sie tun sollte; denn wenn Bubi jetzt erfroren war, dann war sie schuld daran. Wenn sie nicht gewesen wäre, würden Mutter und Bubi sicher umgekehrt und nach Hause zurückgegangen sein.

Sie waren indes in ein Haus gekommen, wo unglaublich gute Leute wohnten, die sogleich sagten, ehe der Sturm sich gelegt habe, dürften die Gäste nicht vors Haus hinaus, da könne gar keine Rede davon sein. Ja, und sie sagten auch, es sei ein wahres Glück, dass sie bei ihnen eingekehrt seien; wenn sie ihren Weg noch bis zur Propstei fortgesetzt hätten, wären sie sicher alle miteinander erfroren.

Es sah aus, als sei Mutter recht froh, dass sie nun unter Dach und Fach waren. Sie saß so befriedigt da, als wisse sie ganz und gar nichts davon, dass drunten auf dem Nyhof jetzt die Bratspieße gedreht und das Fett von den großen Fleischkesseln abgeschöpft wurde.

Nachdem die Hausbewohner ihnen so recht nach Herzenslust gesagt hatten, wie gut es sei, dass die Wanderer bei ihnen eingekehrt waren, fiel es ihnen ein, zu fragen, warum sie sich denn eigentlich in dem Sturm hinausgewagt hätten, und ob sie vielleicht auf dem Weg zur Kirche gewesen seien?

Da erzählte ihnen die Mutter, warum sie unterwegs waren. Sie sagte, sie hätten zu Per Jansa auf Nyhof gewollt; der sei ihr Schwager, obgleich er ebenso reich sei, wie ihr Mann arm gewesen sei. Am zweiten Weihnachtsfeiertag halte er immer einen großen Weihnachtsschmaus, und zu diesem sei sie als Schwägerin selbstverständlich eingeladen. Sie habe allerdings von Anfang an das Wetter für recht schlecht gehalten, aber es sei ja das einzige Festmahl im Jahre, bei dem sie dabei sein dürften.

Als die guten Hausbewohner das hörten, fingen sie wieder zu

jammern an und sagten, die Mutter tue ihnen schrecklich leid, weil sie nun nicht zum Festmahl bei Per Jansa kommen könnte, denn dort gehe es sicher recht hoch her; aber in diesem Sturm noch einmal einen Versuch zu machen, das sei unmöglich, sie würde geradezu ihr Leben aufs Spiel setzen.

Die Mutter stimmte mit ihnen überein, und sie sah aus, als sei es gar keine Kunst für sie, hier bei diesen armen Leuten ganz ruhig sitzen zu bleiben, während es doch so viel Gutes gab, das auf sie wartete.

»Wenn Ihr die Kinder nicht bei Euch hättet, könntet Ihr Euch vielleicht schon bis zum Nyhof durcharbeiten«, setzten die Hausbewohner hinzu.

Auch darin stimmte die Mutter mit den Leuten überein. Ja, sie könnte schon noch zum Festmahl kommen, sagte sie, wenn sie die Kinder nicht bei sich hätte; diese aber wage sie bei diesem Wetter nicht mehr mit hinauszunehmen.

Nein, nein, es war nichts zu machen; darin waren alle ganz einig, aber die Mutter tat den Leuten eben doch schrecklich leid. Man sah ihnen ordentlich an, wie bekümmert sie darüber waren.

Da kam der Frau plötzlich ein guter Gedanke, über den sie sehr froh wurde.

»Ei der Tausend!«, sagte sie. »Wenn Ihr selbst Lust zum Gehen hättet, könntet Ihr ja die Kinder hier bei uns lassen.«

Alle beide, die Frau und der Mann, waren ganz beglückt über diesen Einfall, und sie konnten gar nicht begreifen, warum sie nicht früher darauf gekommen waren.

Die Mutter machte zuerst etwas Umstände, gab aber bald nach. Und dann wurde ausgemacht, die Kinder sollten den Tag über und auch die Nacht da bleiben, wo sie waren, und die Mutter würde dann am nächsten Tage wiederkommen und sie abholen.

Darauf ging die Mutter, und da saß nun das kleine Mädchen.

Jetzt war also alle Hoffnung zu Ende, sie kam nicht zum Weihnachtsschmaus, das sah sie wohl ein. Aber was hätte es helfen können, wenn sie auch gesagt hätte, sie wollte mit der Mutter gehen? Diese herzensguten Leute, bei denen sie Unterkunft gefunden hatten, hätten sie doch nicht fortgelassen, auch hätte man ja Bubi nicht ganz allein zurücklassen können.

Die Hausbewohner versuchten, die Kleine zu unterhalten und sie ein bisschen aufzumuntern; aber sie brachte kein Wort heraus, ja sie drehte ihnen den Rücken, stellte sich ans Fenster und richtete ihren Blick auf zwei große Birken, die da draußen im Sturme hin und her schwankten.

Gar viele Wünsche stiegen in ihrem Herzen auf, während sie da am Fenster stand. Unter anderem wünschte sie, der Sturm sollte mit aller Gewalt auf das Haus losfahren, damit es einfiele und sie herauskommen könnte.

Aber, aber – das sah doch merkwürdig aus! Während sie so dastand und die Birken betrachtete, schienen diese mit jedem Augenblick weniger heftig hin und her zu schwanken, und zugleich war es auch, als nehme der Lärm und das Getöse ab, das mit dem Sturm daherkam, und als fliege jetzt nichts mehr, weder Stecken noch Stroh, in der Luft umher.

Die Kleine wusste kaum, ob sie ihren Augen trauen dürfte; aber jetzt war es wahrhaftig draußen so ruhig, dass die langherabhängenden Birkenzweige nur gerade noch ein wenig bebten.

Die Hausbewohner schäkerten mit Bubi und merkten nichts, bis die Kleine zu ihnen sagte, jetzt sei der Sturm vorüber.

Sie waren über die Maßen erstaunt und sagten sogleich, es sei schade, dass er sich nicht ein wenig früher gelegt hätte, dann hätten die Kinder ja auch noch zum Weihnachtsschmause kommen können. Wenn sie den ganzen Tag hier bei ihnen sitzen müssten, so sei das kein Vergnügen, das wüssten sie wohl.

Da sagte die Kleine, wenn man es ihr erlaubte, könnte sie sich jetzt gut mit Bubi auf den Weg nach Nyhof machen. Es gehe ja immer auf der Landstraße geradeaus, da könne sie durchaus nicht fehlgehen, und so mitten am Tag werde ihnen ja sicher auch nichts Böses zustoßen.

Diese Leute waren doch wirklich von Herzen gut. Sie wollten keinem Menschen die Freude verderben, und so ließen sie die beiden Kinder miteinander abziehen.

Jetzt war alles gut. Das Wetter war still und schön; es ging sich gar leicht, und es war niemand da, der der Kleinen befohlen hätte, im Zimmer zu sitzen oder umzukehren, wenn sie weiter wollte.

Aber etwas beunruhigte die Kleine doch. Es kam ihr vor, als sinke die Sonne gar so schnell dort auf der Südseite gegen den Himmelsrand herunter. Sie wusste nicht, wieviel Uhr es war; aber wie, wenn es nun schon so spät wäre, dass man auf dem Nyhof schon bei Tische saß! Und sie hatten noch eine ganze Meile zu gehen. Wie, wenn sie nun nicht früher hinkam, als bis es nur noch leere Schüsseln und abgenagte Knochen gab?

Bubi war erst sieben Jahre alt und konnte nicht sehr schnell marschieren. Auch war er nach allem, was er an diesem Tag schon durchgemacht hatte, mutlos und verzagt.

Als die Kinder in der Talmulde am Fuße des Hedebyhügels standen, hielt die Kleine an und sah nach dem Lövsee hin, der frisch gefroren mit hellem blanken Eis bedeckt vor ihr lag.

Sie fragte Bubi, an welchem Abend es doch gewesen sei, wo Mutter heimgekommen war und gesagt hatte, der Lövsee sei zugefroren. Mutter sei sehr überrascht gewesen, dass der See schon vor Weihnachten zugefroren war, und sie habe den ganzen Abend davon gesprochen.

»Ja, das ist am Tag vor dem heiligen Abend gewesen«, sagte Bubi. »Ich weiß es ganz gewiss.«

»Dann ist der See ja schon seit vier Tagen gefroren«, entgegnete die Kleine, »da ist das Eis gewiss stark genug, uns zu tragen.«

Ha, nun kam neues Leben in den Jungen, sobald er begriffen hatte, dass die Schwester den Weg über den See nehmen wollte!

»Ja, ja, komm, wir schlittern bis zum Nyhof über den See!«, rief er vergnügt.

»Ja, es ist am einfachsten, wenn wir diesen Weg nehmen, da der Nyhof am See liegt«, sagte die Kleine.

Sie war indes doch etwas bedenklich; aber jetzt war Bubi der, der darauf drang. Vom Weitergehen auf der Landstraße wollte er gar nichts mehr wissen. Nein, nein, die Schwester sollte sofort mit an den See hinunter!

»Dann musst du zu Mutter sagen, du habest es gewollt, denn über dich wird sie nicht böse«, sagte die Kleine.

Es war nicht weit zum See, und die beiden Kinder standen bald draußen auf dem Eis, das glatt wie ein Aal und spiegelblank war, es hätte gar nicht blanker sein können. Die Kinder fassten einander bei der Hand und schlitterten nun quer über den See.

Ei, das war besser als das Gehen auf der Landstraße! Auf diese Weise kamen sie sicher nach Nyhof, ehe das Festmahl zu Ende war.

Aber dann hörte die Kleine plötzlich ein Brausen und ein Donnern hinter sich, das sie nur zu leicht wiedererkannte. Sie brauchte sich gar nicht erst umzudrehen, um zu sehen, was es war, sie fühlte es schon im Nacken. Der Sturm war es, der sich wieder aufgemacht hatte.

Es war gerade, als hätte er sich ruhig verhalten, nur um die Kinder aufs Eis hinauszulocken; jetzt aber brauste er daher, fuhr auf sie los und warf sie um.

Nein, es war unmöglich, sie konnten auf dem Eise nicht weiter; seit der Sturm wieder losgebrochen war, konnten sie sich nicht mehr aufrecht auf den Füßen halten, und so blieb ihnen nichts anderes übrig, als ans Ufer zurückzukriechen.

Jetzt hätte man eigentlich glauben sollen, der Kleinen wäre aller Mut vergangen; sie war ja mit dem Brüderchen in einer verzweifelten Lage. Wie sollten sie nur wieder zu Menschen gelangen? Auf dem See konnten sie nicht weiter, und da, wo sie jetzt an Land kamen, fand sich nur ein steiler Berg und dichter Wald, aber kein Weg.

Ach! und Bubi war so müde und verdrießlich über alles, er weinte nur noch.

Die Kleine blieb eine Weile am Ufer stehen und sah ganz ratlos aus.

Aber plötzlich fiel ihr ein, wie sie und Bubi daheim oben von ihrem Berge herunterzufahren pflegten, wenn er ganz mit Eis bedeckt war, und sofort begann sie Tannenzweige abzubrechen und sie auf zwei Haufen zu schichten. Dann setzte sie Bubi auf den einen, ließ sich selbst auf die Knie nieder und schob nun Bubi mitsamt den beiden Haufen aufs Eis hinaus.

Als sie da draußen so recht im stärksten Blasewind drinnen waren, setzte sie sich auf den anderen Tannenzweighaufen, jedes von den Kindern nahm einen großen Tannenzweig in die Hand und hielt ihn gegen den Wind.

Und hui! sagte der Sturm, und hei! sagte der Sturm. Er schüttelte sie und stieß sie auf die Seite, wie wenn er probieren wollte, was er mit ihnen anfangen könnte.

Dann fasste er hart zu, und sie fuhren davon. Und es ging, es ging! Ja, hurtig wie der Wind ging es, und nun fühlten die Kinder den Sturm gar nicht mehr. Wenn nicht die Ufer an ihnen vorbeigeflogen wären, hätten sie fast glauben können, sie säßen ganz stille.

Bubi schrie aus vollem Halse vor lauter Vergnügen; aber die Kleine saß auf ihrem Haufen mit fest zusammengepressten Lippen und spähte eifrig umher, ob nicht ein neues Hindernis daherkomme, das sich zwischen sie und den Weihnachtsschmaus stellen wollte.

Das war die schnellste Fahrt, die die Kinder je in ihrem Leben gemacht hatten. Es dauerte nicht viele Minuten, da hatten sie die Landspitze vor sich, wo die großen Gebäude des Nyhofs aufragten.

Auf dem Hofe wollte man sich eben zu Tische setzen, als die Kinder auf dem Eise draußen auftauchten. Da liefen alle eiligst hinaus, um zu sehen, was denn da Merkwürdiges über den gefrorenen See dahergefahren kam.

Und man kann sich wohl denken, wie sehr sich alle verwunderten, als sie die Kinder erkannten. Ja alle miteinander, Per Jansa und Per Jansas Frau und der Pfarrer und alle anderen Gäste verwunderten sich über die Maßen.

Die Einzige, die nicht gar so sehr überrascht aussah, war die Mutter.

»Dieses Mädchen gibt nicht nach, bis es so geht, wie sie es haben will«, sagte sie. »Ich hatte eigentlich schon die ganze Zeit erwartet, sie auf einem Besenstiel durch die Luft daherreiten zu sehen.«

Aber von wem die Leute den ganzen Abend sprachen, und wen sie lobten, und zu wem sie sagten, es werde einmal eine tüchtige Hausfrau aus ihr werden, das war die Kleine.

Die Mutter musste sich eine ganze Weile neben die Pfarrfrau aufs Sofa setzen und ihr von der Kleinen erzählen.

Und die Mutter berichtete, so klein sie auch noch sei, so könne sie doch schon ganz nett spinnen, und Wolle karden könne sie auch, und den ganzen letzten Sommer hindurch habe sie Beeren gesammelt und nach Helgesäter verkauft. Und der Kapitän habe ihr ein Abc-Buch geschenkt, eines von den Fräulein auf Helgesäter habe ihr dann etwas nachgeholfen, und nun könne sie lesen und auch schreiben.

Der Pfarrer von Svartsjö war viele Jahre lang Witwer gewesen, aber im vergangenen Sommer hatte er wieder geheiratet. Die neue Pfarrfrau war klein von Gestalt und hatte schlohweißes Haar; aber ihr Gesicht war von zarter Farbe und ganz ohne Runzeln, niemand hätte ihr Alter festzustellen gewagt. Sie stand in dem Ruf, eine unglaublich tüchtige Hausfrau zu sein; die Leute sagten auch von ihr, wenn sie einen Menschen nur einmal sehe, wisse sie gleich, was er wert sei.

Diese neue Pfarrfrau sagte zu der Mutter, sie habe schon länger die Absicht, ein junges Mädchen ins Haus zu nehmen, die ihre Stieftochter bedienen sollte, damit das Zimmermädchen mehr ans Weben komme, und dann fragte sie, ob die Mutter etwas dagegen hätte, wenn die Kleine im nächsten Herbst ins Pfarrhaus käme.

Ob die Mutter etwas dagegen hätte? War das eine Frage! Sie konnte sich kein größeres Glück für ihre Kleine wünschen, als auf Lövdala in Dienst zu kommen.

Den ganzen Abend hindurch folgte die Pfarrfrau der Kleinen mit den Augen; es war, als könne sie an niemand anders mehr denken.

Und nach einer Weile rief sie die Mutter wieder zu sich.

»Ist es wahr, dass das Mädchen schreiben und lesen kann?«, fragte sie.

Und die Mutter versicherte hoch und teuer, ja, es sei ganz wahr.

»Nun, dann machen wir aus, dass sie gleich mit nach Lövdala kommt«, sagte die Pfarrfrau. »Ihr könnt ja den Weg über Lövdala nehmen, wenn ihr von hier wieder heimgeht, und dann kann sie gleich dableiben.«

Und so wurde es auch beschlossen.

Aber auch nachher beobachtete die Pfarrfrau die Kleine noch immer gerade wie zuvor, wie wenn sie sich nicht satt an ihr sehen könnte.

Und wieder nach einer Weile wollte sie abermals mit Marit von Koltorp sprechen.

»Wie heißt denn deine Kleine?«, fragte sie.

»Sie heißt Eleonora, aber wir nennen sie nur Nora.«

»Und es ist wirklich wahr und nicht nur Großtuerei, dass sie lesen und schreiben kann?«, fragte die Pfarrfrau wieder.

»Nein, nein«, versicherte die Mutter, »es ist die reine Wahrheit.«

»Ich habe mir überlegt, dass sie gleich heute Abend in unserem Schlitten mit uns nach Lövdala fahren könnte«, sagte nun die Pfarrfrau. »Es fehlt uns jetzt eben an einem kleinen Mägdlein, deshalb könnte sie ihren Dienst ebenso gut gleich antreten.«

Und wie die Pfarrfrau es wünschte, so geschah's natürlich. Sie gehörte zu den Menschen, denen man nicht gerne widerspricht.

Aus dem Schwedischen übersetzt von Pauline Klaiber-Gottschau

Hans Christian Andersen

Der Tannenbaum

Draußen im Walde stand so ein niedlicher Tannenbaum; der hatte einen guten Platz, Sonne bekam er, Luft gab's genug, und ringsum wuchsen viele größere Kameraden, Tannen und Fichten; aber der kleine Tannenbaum war ganz versessen aufs Wachsen; der dachte nicht an die warme Sonne und die frische Luft, er machte sich auch nichts aus den Bauerskindern, die vorbeigingen und plapperten, wenn sie unterwegs waren, um Erdbeeren und Himbeeren zu suchen; oft kamen sie mit einem ganzen Krug voll, oder sie hatten Erdbeeren auf Strohhalme gezogen, dann setzten sie sich zu dem kleinen Baum und sagten: »Nein! wie ist der niedlich klein!« Das wollte der Baum absolut nicht hören.

Im Jahr darauf war er einen ganzen Schössling größer; und wieder ein Jahr darauf war er um noch einen länger; denn bei einem Tannenbaum kann man immer an der Zahl seiner Glieder sehen, wie viele Jahre er gewachsen ist.

»O wär ich doch so ein großer Baum wie die andern!«, seufzte der kleine Baum, »dann könnte ich meine Zweige so nach allen Seiten ausbreiten und mit dem Wipfel in die weite Welt hinausschauen! Dann würden die Vögel ein Nest in meinen Zweigen bauen, und wenn der Wind weht, könnte ich genauso vornehm nicken wie die andern da!«

Er hatte nicht die geringste Freude am Sonnenschein, an den Vögeln oder an den roten Wolken, die morgens und abends über ihn dahinsegelten.

War es nun Winter, und ringsum lag glitzernd weiß der Schnee, dann kam oft ein Hase angesprungen und hüpfte geradewegs über den kleinen Baum hinüber, – oh, das war so ärgerlich! – Aber zwei Winter vergingen, und im dritten war der Baum so groß, dass der Hase um ihn herumlaufen musste. O wachsen, wachsen, groß und alt werden, das ist doch das einzig Schöne in dieser Welt, dachte der Baum.

Im Herbst kamen immer die Holzfäller und fällten ein paar von den größten Bäumen, das passierte jedes Jahr, und der junge Tannenbaum, der nun schon ganz gut herangewachsen war, zitterte dabei, denn die großen, prächtigen Bäume stürzten mit Knacken und Krachen zur Erde; die Äste wurden abgehauen, ganz nackt, lang und dünn sahen sie aus; sie waren kaum wiederzuerkennen, aber dann wurden sie auf Karren gelegt, und Pferde zogen sie aus dem Walde fort.

Wo kamen die hin? Was stand ihnen bevor?

Im Frühling, als Schwalbe und Storch kamen, fragte der Baum sie: »Wisst ihr nicht, wo die hingebracht worden sind? Habt ihr sie nicht getroffen?«

Die Schwalben hatten keine Ahnung, aber der Storch sah bedenklich drein, nickte und sagte: »Tja, ich glaube schon! als ich nach Ägypten flog, bin ich vielen neuen Schiffen begegnet; auf den Schiffen standen prächtige Mastbäume, ich nehme an, das waren sie, sie rochen nach Tanne; ich kann ihnen ja viele Grüße ausrichten, die ragen hoch hinauf, hoch hinauf.«

»O wär ich doch auch groß genug, um übers Meer dahinzufliegen! Wie ist das überhaupt so, dieses Meer, und womit kann man es vergleichen?«

»Ja das ist so weitläufig zu erklären«, sagte der Storch, und dann ging er.

»Freu dich an deiner Jugend!«, sagten die Sonnenstrahlen; »freu dich an deinem frischen Wachstum, an dem jungen Leben, das in dir ist!«

Und der Wind küsste den Baum, und der Tau vergoss Tränen über ihn, aber das verstand der Tannenbaum nicht.

Wenn es auf Weihnachten zuging, dann wurden ganz junge Bäume gefällt, Bäume, die nicht einmal so groß und im selben Alter waren wie der Tannenbaum, der keine Rast und Ruh hatte, sondern immer nur wegwollte; diese jungen Bäume, und das waren ausgerechnet die allerhübschesten, behielten immer ihre Zweige, sie wurden auf Karren gelegt, und Pferde zogen sie aus dem Wald.

»Wo kommen die hin?«, fragte der Tannenbaum. »Die sind nicht größer als ich, es war sogar einer dabei, der war viel kleiner; warum behalten sie alle ihre Zweige? Wo fahren die hin?«

»Wir wissen's! wir wissen's!«, zwitscherten die Spatzen. »Wir haben unten in der Stadt durch die Scheiben geguckt! wir wissen, wo die hinfahren! Oh, die kommen in den größten Glanz und alle Herrlichkeit, die man sich denken kann! Wir haben zu den Fenstern hineingeschaut und gesehen, dass sie mitten in die warme Stube gepflanzt und mit den schönsten Sachen geschmückt werden, vergoldeten Äpfeln, Honigkuchen, Spielzeug und vielen hundert Kerzen!«

»Und dann –?«, fragte der Tannenbaum und zitterte in allen Zweigen. »Und dann? Was passiert dann?«

»Ja, mehr haben wir nicht gesehen! Aber das war unvergleichlich!«

»Ob ich geboren wurde, um diesen glanzvollen Weg zu gehen?«, jubelte der Baum. »Das ist doch besser, als übers Meer zu fahren! Wie ich leide vor Sehnsucht! Wenn es doch nur schon Weihnachten wäre! nun bin ich groß und ausgestreckt, wie die andern, die im letzten Jahr weggebracht wurden! – O wär ich nur schon auf dem Karren! wär ich doch drinnen in der warmen Stube mit all der Pracht und Herrlichkeit! und danach –? Ja, da kommt noch etwas Besseres, noch Schöneres, warum sollen die mich sonst so schmücken! da muss noch etwas Größeres kommen, noch herrlicher –! aber was? Oh, ich leide! ich hab solche Sehnsucht! ich weiß selber nicht, was mit mir los ist!«

»Freu dich doch an mir!«, sagten die Luft und das Sonnenlicht; »freu dich an deiner frischen Jugend draußen im Freien!«

Aber er freute sich kein bisschen; er wuchs und wuchs, winters und sommers war er grün; dunkelgrün stand er da; Leute, die ihn sahen, sagten: »Das ist ein schöner Baum!«, und zur

Weihnachtszeit wurde er als erster von allen gefällt. Die Axt schlug ihm tief ins Mark, mit einem Seufzer fiel der Baum zur Erde, er empfand einen Schmerz, eine Ohnmacht, er konnte nicht im Geringsten an irgendein Glück denken, er war traurig, dass er nun von zu Hause getrennt werden sollte, von dem Fleck, wo er entsprossen war; er wusste ja, dass er die lieben alten Kameraden nie wiedersehen würde, die kleinen Büsche und Blumen ringsum, ja vielleicht nicht einmal die Vögel. Die Abreise war durchaus keine angenehme Sache.

Der Baum kam erst wieder zu sich, als er im Hof, abgeladen mit den anderen Bäumen, einen Mann sagen hörte: »Der da ist prächtig! den brauchen wir und keinen andern!«

Nun kamen zwei Diener in vollem Ornat und trugen den Tannenbaum in einen großen, schönen Saal. Ringsum an den Wänden hingen Porträts, und an dem großen Fliesenkachelofen standen große chinesische Vasen mit Löwen auf dem Deckel; da standen Schaukelstühle, Seidensofas, große Tische voller Bilderbücher und mit Spielzeug für hundertmal hundert Reichstaler – das sagten jedenfalls die Kinder. Und der Tannenbaum wurde in einem großen, mit Sand gefüllten Kübel aufgestellt, aber niemand konnte sehen, dass es ein Kübel war, denn es wurde grüner Stoff herumdrapiert, und er stand auf einem großen bunten Teppich. O wie der Baum zitterte! Was würde nun bloß passieren? Diener und Fräulein kamen und schmückten ihn. An jeden Zweig hängten sie kleine Netze, die aus farbigem Papier ausgeschnitten waren; jedes Netz war mit Süßigkeiten gefüllt; vergoldete Äpfel und Walnüsse hingen da, als wären sie angewachsen, und über hundert rote, blaue und weiße Lichtchen wurden auf den Zweigen festgesteckt. Puppen, die so lebendig aussahen wie Menschen – der Baum hatte nie zuvor so etwas gesehen –, schwebten im Grün, und ganz hoch oben in den Wipfel wurde ein großer Stern aus Flittergold gesetzt; das war prächtig, ganz unvergleichlich prächtig.

»Heute Abend«, sagten alle, »heute Abend soll er glänzen!«

»Oh!«, dachte der Baum, »wär es doch nur schon Abend! wären nur die Lichter bald angezündet! und was dann wohl passiert? Ob wohl Bäume aus dem Wald kommen, um mich anzusehen? Ob die Spatzen ans Fenster fliegen? Ob ich hier wohl festwachse und winters und sommers geschmückt bleibe?«

O ja, er wusste genau Bescheid; aber er hatte richtig Borkenschmerzen vor lauter Sehnsucht, und Borkenschmerzen sind für einen Baum genauso schlimm wie Kopfschmerzen für uns.

Nun wurden die Lichter angezündet. Welch ein Glanz, welche Pracht! der Baum zitterte dabei an allen Zweigen, so dass eins der Lichter das Grün in Brand setzte; das verkohlte ordentlich.

»Gott bewahre uns!«, schrien die Fräulein und löschten eilig.

Jetzt traute sich der Baum nicht einmal mehr zu zittern. Oh, das war ein Grauen! Ihm war so bange, dass er etwas von seiner Ausstaffierung verlieren könnte; er war ganz konfus in all dem Glanz, und nun gingen beide Flügeltüren auf, und eine Menge Kinder stürzten herein, als wollten sie den ganzen Baum umwerfen; die Älteren kamen bedächtig hinterdrein; die Kleinen standen ganz stumm, – aber nur einen Augenblick, dann jubelten sie wieder so laut, dass es nachhallte; sie tanzten um den Baum herum, und ein Geschenk nach dem anderen wurde abgepflückt.

»Was tun die denn da?«, dachte der Baum. »Was passiert jetzt?« Und die Lichter brannten bis auf die Zweige herunter, und wie sie nach und nach herunterbrannten, wurden sie gelöscht, und dann durften die Kinder den Baum plündern. Oh, sie stürzten sich auf ihn, dass es in allen Zweigen knackte; wäre er nicht mit Spitze und Goldstern an der Decke festgebunden gewesen, dann wäre er umgestürzt.

Die Kinder tanzten mit ihrem herrlichen Spielzeug herum, niemand hatte Augen für den Baum, außer der alten Kinderfrau, die herumging und zwischen die Zweige lugte, aber das war nur, um zu sehen, ob nicht vielleicht doch eine Feige oder ein Apfel übersehen worden war.

»Eine Geschichte! eine Geschichte!«, schrien die Kinder und zerrten einen kleinen dicken Mann zum Baum hin, und er setzte sich genau darunter, »dann sind wir nämlich im Grünen«, sagte er, »und dem Baum wird es besonders gut tun, wenn er mithört! aber ich erzähle nur eine Geschichte. Wollt ihr die von ›Ivede-Avede‹ hören oder die von ›Klumpe-Dumpe-der-die-Treppe-hinunterfiel-und-doch-auf-den-Thron-kam-und-die-Prinzessin-kriegte‹?«

»›Ivede-Avede‹!«, schrien einige, »›Klumpe-Dumpe‹!«, schrien andere; es war ein Gebrüll und Geschrei, nur der Tannenbaum schwieg ganz still und dachte: »Soll ich denn gar nicht dabei sein? überhaupt nichts tun?« Aber er war ja dabei gewesen, hatte getan, was er tun sollte.

Und der Mann erzählte von »Klumpe-Dumpe-der-die-Treppe-hinunterfiel-und-doch-auf-den-Thron-kam-und-die-Prinzessin-kriegte«. Und die Kinder klatschten in die Hände und riefen: »Erzähl! erzähl!«, sie wollten auch »Ivede-Avede« hören, aber sie bekamen nur das von »Klumpe-Dumpe«. Der Tannenbaum stand ganz still und gedankenvoll da, niemals hatten die Vögel im Walde so etwas erzählt. »Klumpe-Dumpe fiel die Treppe hinunter und kriegte doch die Prinzessin! Jaja, so geht es zu in der Welt!«, dachte der Tannenbaum und glaubte, es wäre alles wahr, weil es doch so ein netter Mann war, der erzählt hatte. »Jaja! wer weiß, wer weiß! vielleicht fall ich auch die Treppe hinunter und kriege eine Prinzessin!« Und er freute sich auf den nächsten Tag, wo er wieder mit Lichtern und Spielzeug, Gold und Früchten eingekleidet werden würde.

»Morgen werd ich nicht mehr zittern!«, dachte er. »Ich will ganz froh und zufrieden sein in all meiner Herrlichkeit. Morgen werd ich wieder die Geschichte von ›Klumpe-Dumpe‹ hören und vielleicht auch die von ›Ivede-Avede‹.« Und der Baum stand still und gedankenvoll da, die ganze Nacht.

Am Morgen kamen der Knecht und das Hausmädchen herein. »Jetzt geht's wieder los mit dem Ausstaffieren!«, dachte der Baum, aber die schleppten ihn aus der Stube hinaus, die Treppe hoch, auf den Dachboden, und hier, in einem dunklen Winkel, in den kein Tageslicht fiel, stellten sie ihn ab. »Was hat das zu bedeuten?«, dachte der Baum. »Was um alles in der Welt soll ich hier anfangen? Und was soll ich hier wohl zu hören kriegen?« Und er lehnte sich an die Mauer und dachte und dachte. – – Und Zeit genug hatte er, denn es vergingen Tage und Nächte; niemand kam herauf, und als endlich jemand kam, da war es, um einige große Kisten in die Ecke zu stellen; der Baum stand ganz versteckt, man hätte meinen können, er wäre reinweg vergessen worden.

»Jetzt ist es da draußen Winter!«, dachte der Baum. »Die Erde ist hart und mit Schnee bedeckt, die Menschen könnten mich gar nicht einpflanzen; darum soll ich hier noch windgeschützt stehen, bis es Frühling wird! wie aufmerksam das bedacht ist! wie sind die Menschen doch gut! – Wenn es hier nur nicht so dunkel wäre und so furchtbar einsam! – Nicht einmal ein kleiner Hase! – Es war doch so nett da draußen im Wald, wenn Schnee lag, und der Hase sprang vorbei; ja, auch als er über mich wegsprang, aber das konnte ich damals nicht vertragen. Hier oben ist es doch schrecklich einsam!«

»Pi, pi!«, sagte eine kleine Maus in diesem Moment und schlüpfte hervor, und dann kam noch eine kleine hinterdrein. Sie schnupperten am Tannenbaum und schlüpften zwischen den Zweigen hinauf.

»Was für eine scheußliche Kälte!«, sagten die kleinen Mäuse. »Sonst ist es eigentlich ganz wundervoll hier oben! Stimmt's, du alter Tannenbaum?«

»Ich bin überhaupt nicht alt!«, sagte der Tannenbaum, »es gibt eine Menge, die sind viel älter als ich!«

»Wo kommst du her?«, fragten die Mäuse, »und was weißt du?« Sie waren nun einmal so furchtbar neugierig. »Erzähl uns doch von dem schönsten Platz auf der Welt! Bist du dagewesen? Warst du jemals in der Speisekammer, wo die Käsestücke in den Regalen liegen und die Schinken unter der Decke hängen, wo man auf Talglichtern tanzt, und mager hineingeht und fett wieder herauskommt?«

»Das kenn ich nicht!«, sagte der Baum, »aber den Wald kenn ich, wo die Sonne scheint, und wo die Vögel singen!«, und dann erzählte er alles aus seiner Jugend, und die kleinen Mäuse hatten nie zuvor so etwas gehört, und sie hörten so aufmerksam zu und sagten: »Nein, was du alles gesehen hast! wie glücklich bist du doch gewesen!«

»Ich!«, sagte der Tannenbaum und dachte über das nach, was er selber erzählte; »ja, das waren, im Grunde, ganz lustige Zeiten!« – aber dann erzählte er vom Weihnachtsabend, als er mit Kuchen und Lichtern geschmückt war.

»Oh!«, sagten die kleinen Mäuse. »Wie glücklich bist du doch gewesen, du alter Tannenbaum!«

»Ich bin überhaupt nicht alt!«, sagte der Baum, »es war doch erst in diesem Winter, dass ich aus dem Wald gekommen bin! ich bin im allerbesten Alter, ich bin nur von etwas gesetztem Wuchs!«

»Wie schön du erzählen kannst!«, sagten die kleinen Mäuse, und in der nächsten Nacht brachten sie vier andere Mäuschen mit, die sollten auch hören, wie der Baum erzählte, und je mehr er erzählte, desto deutlicher erinnerte er sich selbst an alles und fand: »Das waren doch ganz lustige Zeiten! aber die können auch wieder kommen, die können auch wieder kommen! Klumpe-Dumpe fiel die Treppe hinunter und kriegte doch die Prinzessin, vielleicht kann ich auch eine Prinzessin kriegen«, und dann dachte der Tannenbaum an so ein niedliches kleines Birkenbäumchen, das draußen im Walde wuchs, das war für den Tannenbaum eine wirkliche wunderschöne Prinzessin.

»Wer ist denn Klumpe-Dumpe?«, fragten die kleinen Mäuse. Und dann erzählte der Tannenbaum das ganze Märchen, er erinnerte sich noch an jedes einzelne Wort; und die kleinen Mäuse wären ihm beinahe bis in den Wipfel gehüpft, vor lauter Vergnügen. In der nächsten Nacht kamen noch viel mehr Mäuse, und am Sonntag sogar zwei Ratten; aber die sagten, die Geschichte wäre nicht lustig, und das betrübte die kleinen Mäuse, denn nun fanden sie sie auch nicht mehr so gut.

»Können Sie nur diese eine Geschichte?«, fragten die Ratten.

»Nur diese eine!«, antwortete der Baum, »ich hörte sie an meinem glücklichsten Abend, aber damals dachte ich nicht daran, wie glücklich ich war!«

»Das ist eine über alle Maßen schlechte Geschichte! können Sie nichts mit Speck oder Talglicht? Keine Speisekammergeschichten?«

»Nein!«, sagte der Tannenbaum.

»Ja, dann haben Sie vielen Dank!«, antworteten die Ratten und gingen nach Haus.

Zuletzt blieben auch die kleinen Mäuse weg, und da seufzte der Baum: »Das war doch ganz hübsch, wie die so um mich herum saßen, die emsigen Mäuschen, und hörten, was ich erzählte! Nun ist auch das vorbei! – aber ich will daran denken, dass ich mich freue, wenn ich nun wieder hervorgeholt werde!«

Aber wann geschah das? – Ja! es war eines Morgens, da kamen allerlei Leute und rumorten auf dem Dachboden herum; die Kisten wurden beiseite geschoben, der Baum wurde hervorgezogen; sie warfen ihn zwar ein bisschen hart zu Boden, aber sogleich schleppte ein Knecht ihn zur Treppe, wo das Tageslicht schien.

»Jetzt fängt das Leben wieder an!«, dachte der Baum; er fühlte die frische Luft, den ersten Sonnenstrahl, – und jetzt war er draußen im Hof. Alles ging so geschwind, der Baum vergaß völlig, sich selbst zu beobachten, es gab ringsum so viel zu sehen. Der Hof grenzte an einen Garten, und darin stand alles in Blüte; die Rosen hingen so frisch und duftend übers Staket, die Linden blühten, und die Schwalben flogen umher und sagten »Quirrewirre-witt, mein Mann ist da!«, aber es war nicht der Tannenbaum, den sie meinten.

»Jetzt werde ich leben!«, jubelte er und breitete seine Zweige weit aus; ach, sie waren alle welk und gelb; er lag in einer Ecke zwischen Unkraut und Brennnesseln. Der Goldpapier-Stern saß noch immer oben in der Spitze und glitzerte im hellen Sonnenschein.

Im Hof selbst spielten ein paar von den lustigen Kindern, die zur Weihnachtszeit um den Baum getanzt waren und sich so an ihm gefreut hatten. Eins von den kleinsten sauste herüber und riss den Goldstern ab.

»Seht nur, was da noch an dem ekligen alten Weihnachtsbaum hängt!«, sagte es und trampelte auf den Zweigen herum, dass es unter seinen Stiefeln knackte.

Und der Baum sah all die Blütenpracht und Frische im Garten an, er sah sich selber an, und er wünschte, er wäre in seinem dunklen Winkel auf dem Dachboden geblieben; er dachte an seine frische Jugend im Walde, an den lustigen Weihnachtsabend und an die kleinen Mäuse, die sich so froh die Geschichte von »Klumpe-Dumpe« angehört hatten.

»Vorbei! vorbei!«, sagte der arme Baum. »Hätte ich mich doch gefreut, als ich es noch konnte! vorbei! vorbei!«

Und der Hausknecht kam und schlug den Baum in kleine Stücke, ein ganzes Bündel lag da; das prasselte herrlich unter dem großen Braukessel; und er seufzte so tief, jedes Seufzen war wie ein kleiner Schuss; darum kamen die Kinder, die draußen spielten, hereingelaufen und setzten sich vor das Feuer, sahen hinein und schrien: »Piff! paff!«, aber bei jedem Knall, der ein tiefer Seufzer war, dachte der Baum an einen Sommertag im Walde, eine Winternacht da draußen, wenn die Sterne schimmerten; er dachte an den Weihnachtsabend und Klumpe-Dumpe, das einzige Märchen, das er gehört hatte und zu erzählen verstand –, und dann war der Baum ausgebrannt.

Die Kinder spielten im Hof, und das kleinste hatte den Goldstern auf der Brust, den der Baum an seinem glücklichsten Abend getragen hatte; jetzt war das vorbei, und der Baum war vorbei und die Geschichte auch; vorbei, vorbei, und das sind einmal alle Geschichten.

Aus dem Dänischen übersetzt von Heinrich Detering

Peter Christen Asbjørnsen und Jörgen Moe

Wie der Fuchs den Bären ums Weihnachtsessen prellt

Der Bär und der Fuchs hatten sich einmal zusammen ein Viertel Butter gekauft, das wollten sie zum Weihnachten haben und verwahrten es daher unter einen dicken Tannenbusch. Darauf gingen sie fort und legten sich auf einem Hügel in der Sonne schlafen. Als sie eine Weile gelegen hatten, sprang der Fuchs auf und rief: »Ja!«, und damit lief er gradesweges zu dem Butterviertel, wovon er gut den dritten Teil auffraß. Als er aber zurückkam und der Bär ihn fragte, wo er gewesen sei, dass er so fett ums Maul wäre, sagte er: »Meinst du denn nicht, ich sei zu Gevatter gebeten, du?« – »Na so!«, sagte der Bär: »Wie hieß denn das Kind?« – »Angefangen«, sagte der Fuchs.

Damit legten sie sich wieder schlafen. Nach einer Weile sprang der Fuchs abermals auf und rief: »Ja!«, und lief wieder zu dem Butterviertel. Als er zurückkam und der Bär ihn fragte, wo er gewesen sei, antwortete er: »Ach, wurde ich denn nicht wieder zu Gevatter gebeten, du!« – »Wie hieß jetzt das Kind?«, fragte der Bär. »Halbverzehrt«, antwortete der Fuchs.

Der Bär meinte, das wär ein hübscher Name; aber es dauerte nicht lange, so fing er wieder an zu gähnen und schlief ein. Als er nun ein Weilchen gelegen hatte, ging es wieder ebenso, wie die beiden vorigen Male: Der Fuchs sprang wieder auf und rief: »Ja!«, lief zu dem Butterviertel und fraß nun auch den letzten Rest auf. Wie er zurückkam, war er wieder zu Kindtauf gewesen, und als der Bär wissen wollte, wie das Kind hieß, antwortete er: »Den-Boden-geleckt.« Damit legten sie sich wieder zur Ruhe und schliefen beide eine gute Weile. Danach wollten sie hingehen und sich nach ihrer Butter umsehen. Als es sich nun aber fand, dass sie rein aufgezehrt war, beschuldigte der Bär dafür den Fuchs, und der Fuchs beschuldigte wieder den Bären, und der eine behauptete immer, der andre sei bei der Butter gewesen, während er da gelegen habe und geschlafen. »Nun«, sagte Reineke: »Wir wollen's bald erfahren, wer von uns die Butter gestohlen hat: Wir wollen uns jetzt wieder auf dem Hügel schlafen legen, und wer dann am fettsten unten beim Schwanz ist, wenn wir aufwachen, der hat sie gestohlen.« Ja, der Bär wollte gleich auf die Probe eingehen, und weil er bei sich selbst wusste, dass er die Butter nicht einmal gekostet hatte, legte er sich ganz ruhig auf dem Hügel schlafen. Da schlich Reineke sich aber fort nach dem Viertel und erwischte noch ein Klümpchen Butter, das in einer Ritze sitzen geblieben war; damit schlich er sich zurück zu dem Bären, bestrich ihn mit der Butter unten beim Schwanz und legte sich dann wieder schlafen, als wüsste er von nichts. Als nun beide aufwachten, hatte die Sonne die Butter geschmelzt, und da war's denn gleichwohl der Bär, der die Butter gefressen hatte.

Aus dem Norwegischen übersetzt von Friedrich Bresemann

Die Mühle auf dem Meeresgrund

Es waren einmal zwei Brüder, die wohnten nah beieinander; der eine hieß Lars und war reich, aber der andre war arm und hieß Hans. Der reiche Bruder war noch dazu furchtbar geizig, und das ist eine Sache, die nicht so selten bei derlei Leuten vorkommt. So geschah es einmal kurz vor dem Julfest, dass der arme Bruder zu ihm kam und bat, ob er ihm nicht ein klein wenig Esswaren geben könne als Beisteuer zum Julabendessen, er habe so wenig daheim und so viele Kinder.

»Da stehst du nun und hast immer eine Jammerwirtschaft«, sagte er, »ich kann dich wohl nicht loswerden, also da hast du ein für alle Mal eine Speckseite, und damit kannst du bis zur Hölle fahren.« – »Ja, danke vielmals, das will ich tun«, sagte Hans, denn er war immer vertrauensselig, und er nahm den Speck auf den Rücken und ging. Aber statt heimzugehen, zog er in die entgegengesetzte Richtung, um zu fragen, wo die Hölle sei. Er ging lange, aber endlich kam er zu einem alten Mann, der stand und grub an einem Hügel. »Wo willst du denn hin?«, fragte der Mann, »dass du zu dieser Tageszeit diesen Weg gehst?« Es war nämlich Abend geworden.

»Ja«, sagte er, »mein Bruder hat gesagt, ich solle mit dieser Speckseite zur Hölle wandern; aber ich weiß nicht, wo das ist, und werde wohl meine liebe Not haben, es zu finden.«

»Nicht doch«, sagte der Mann, »der Weg dahin ist nicht gar so schwer zu finden, sei nur so gut und gehe in das Loch hinunter, das ich hier grabe; es ist tiefer, als du glaubst, und gehe so lange weiter, bis dir etwas begegnet.«

Da packte der arme Mann den Speck gut ein und drückte ihn fest an sich und machte sich selbst so klein, wie er konnte, denn er meinte ja, der Platz sei knapp, aber es war Platz in Menge, so dass noch mehrere den gleichen Weg hätten hinuntergehen können. Endlich kam er vor ein erschreckliches Feuer, das war mitten auf dem Boden angezündet, und es war eine Hitze, dass man hätte einen Ochsen braten können. Da erblickte er so viele kleine Teufel, dass es erstaunlich war zuzusehen, und die liefen um das Feuer und sprangen zu ihm hin und wollten sehen, was er in seinem Sack hätte.

»Da habe ich eine halbe Speckseite«, sagte er, »mein Bruder hat sie mir gegeben und gesagt, ich sollte damit zur Hölle gehen; jetzt weiß ich aber nicht, ob ihr das kaufen wollt, denn hier ist doch offenbar die Hölle.«

Das träfe sich gut, sagten sie, denn Speck sei gerade die Fleischsorte, die sie brauchen könnten, Teufel und Schweine hätten ja seit Christi Zeiten zusammengewohnt; und sie boten ihm eine Art Kaffeemühle als Entgelt.

»Aber, was soll ich denn damit?«, sagte er, »ich habe ja keine Bohne zu mahlen.« – »Wenn du keine hast, so brauchst du bloß daran zu denken, welche zu mahlen«, sagten sie, »dann hast du sie sofort; aber du brauchst nicht notwendig Kaffeebohnen zu mahlen, denn auf so einer Mühle kannst du alles mahlen, was du dir nur wünschst, und solange du es wünschst, mahlt sie dir alles gleich schnell, und wenn du denkst, du hast genug und willst sie zur Ruhe bringen, so brauchst du ihr nur drei Worte zu sagen« – er wisperte ihm etwas ins Ohr – »dann steht sie augenblicklich still.«

»Habt schönen Dank, ich will mir's wohl merken«, sagte er und zog mit seiner Mühle aus der Hölle ab.

Als er zu seiner Frau heimkam, war es spät in der Nacht, und sie war zornig und zankte sehr: »Wo, zum Teufel, hast du nur gesteckt, du Faselhans? Jetzt ist es über Mitternacht hinaus, und wir hätten doch ein paar Brocken in den Leib bekommen sollen am hochheiligen Julabend. Du weißt doch, dass wir nicht das Geringste im Haus haben, und ich habe in alle Ewigkeit gewartet und hatte immer Angst, dir sei ein Unglück zugestoßen.«

»Aber, liebe Frau, sei doch endlich still!«, sagte er. »Ich will dir sagen, ich war wirklich beim Teufel, und da bekam ich hier die Mühle, die ich auf den Tisch gestellt habe; das ist eine, die wir brauchen können, und wir wollen sie gleich probieren.«

»Das wäre ja recht schön«, sagte sie, »aber das Wichtigste ist nicht da, wir haben nämlich keine Bohnen im Haus.«

»Ja, die Bohnen soll sie selbst liefern, das gehört zum Vertrag«, sagte er.

»Dann ist es was anderes, wenn du sie dazu bringen könntest, wäre es herrlich, da könnten wir eine Schale Kaffee zum Julfest bekommen. Aber wir hätten eigentlich einen Bissen Brot und ein wenig Licht nötiger, sonst müssten wir im Dunkeln sitzen an so einem hochheiligen Abend.«

Das konnte die Mühle auch mahlen, und er sagte: »Mahle Licht!« Gleich kamen Lichter. Sie zündeten sie an, und er brachte die Mühle dazu, Brot zu mahlen, zuerst Schwarzbrot, das ging höchst flink, ein Laib purzelte nach dem andern so eilig heraus, dass er schon nach einer kurzen Weile sagen konnte: »Jetzt haben wir Brot auf lang hinaus.« Dann mahlten sie feines Brot zum Julfest, und sie hatten bald Überfluss an Brot.

»Hast du noch andere Sachen nötig?«, sagte er. »Sag es jetzt gleich, da doch die Mühle einmal im Gang ist.«

Da fehlte freilich vielerlei, denn sie hatten, wie gesagt, gar nichts, das Haus war so arm, wie es nur sein konnte. Also mahlten sie Küchenzeug und Hausgeräte, Töpfe und Pfannen und Krüge und Kannen, dazu auch feinere Sachen von Silber und Gold. Sie mahlten auch Silberlöffel und Becher, Messer und Gabeln, alles aus purem Silber.

»Ich meine, jetzt sollten wir aufhören!«, rief da die Frau. »Wir haben ja schon so viel, dass wir ein Fest damit herrichten könnten.«

»Das wollen wir aber auch«, sagte er, und als die Mühle noch einmal ordentlich ihres Amtes gewaltet hatte, sagte er das ausgemachte Wort, und da stand sie still.

Nun lief sich der Mann fast die Beine ab im ganzen Dorf herum und lud ein: ob sie nicht so gut sein wollten und am dritten Jultag und Abend zu ihm und seiner Frau zu Besuch zu kommen. Er lief das ganze Kirchspiel ab, und alle wunderten sich; er hätte ja kaum das Salz zur Suppe, meinten sie, und dachten, er sei verrückt geworden. Er ging auch zu seinem Bruder und dankte ihm für letztes Mal und lud ihn ein, ob er nicht zum Julessen kommen wollte am dritten Jultag und auch seine Frau mitbringen. Die zwei passten gut zusammen, denn sie war auch so eine geizige Seele, aber immerhin glaubte sie nicht, dass es der Mühe wert sei, dahin zu gehen. So dachten noch mehr Leute, und die blieben zu Hause; aber es waren auch manche, die kamen, und die standen starr, als hätten sie Mund und Nase verloren, als sie die Herrlichkeit und den Überfluss an allen Ecken und Enden gewahr wurden.

Im Lauf des Nachmittags, als Lars vor die Tür ging, um zu sehen, wie die Wetteraussichten stünden, da fiel ihm auf, dass in seines Bruders Haus so viele ab und zu gingen. Das ging ihm in seinem dicken Kopf herum, und da ging er hin und erzählte seiner Frau, was er gesehen hatte. Das konnte sie nicht begreifen, dass er so viele Gäste hatte, und sie beschlossen, auf einen Sprung hinüberzugehen, denn die Frau war so schrecklich neugierig.

Wie sie also hineinkamen, rissen sie auch die Augen weit auf, denn nirgends im ganzen Dorf gab es einen so reichen Haushalt. Sie wurden gleich zu Tisch gebeten, aber als sie fertig waren, sprach Lars mit seinem Bruder draußen im Gang und fragte, was das bedeuten solle. »Du armer notiger Teufel! Hast du das gestohlen oder geliehen? Sag mir nur mit einem Wort, wo du das her hast.«

»Ja, gern«, sagte Hans. »Erinnerst du dich, als du mir den Speck fürs Julfest gabst, dass du gesagt hast, dass ich damit zur Hölle gehen sollte? Das habe ich ganz buchstäblich getan, und die nahmen den Speck und gaben mir eine Mühle als Entgelt, die kann alles mahlen, was man nur verlangen kann, und liefert selbst alles, was man nur braucht.«

»Das ist eine schöne Lüge, die du mir da erzählst«, sagte der Bruder, »aber zeig mir die Mühle einmal, ich will sie dir abkaufen!«

Da zeigte er sie ihm. »Was willst du dafür haben?«

»Ja, die ist teuer, das kannst du dir denken«, sagte Hans, »die kostet dreihundert Taler; ich wollte sie eigentlich nicht verkaufen, aber weil du mein Bruder bist, so sollst du sie haben.«

Das sei aber viel Geld, ob er sie nicht billiger haben könnte? Nein, da sei gar nichts zu wollen, nicht einen Schilling billiger sei sie feil; auch wolle er sie selbst noch ein halbes Jahr behalten und sich noch weiter mahlen lassen, was er nötig hätte. Damit musste der reiche Mann sich zufrieden geben, wenn es ihn auch bitterschwer ankam, so viel Geld zu bezahlen; aber er konnte noch viel weniger ruhig zusehen, dass sein Bruder die Mühle hatte, denn er hatte Angst, dass der andere ebenso reich werden möchte wie er selbst.

Also geschah es nicht vor Herbst, dass Lars die Mühle eingehändigt bekam und nach Hause trug. Da überlegte er bei sich, dass seine Frau gut von morgens bis abends mit aufs Feld gehen könne zur Herbstzeit, statt dass sie wie sonst immer zu Haus bliebe, um das Essen zu kochen, und das wäre eine schöne Ersparnis; nun brauchte er nur mittags heimzurennen und die Mühle in Gang zu setzen, und die konnte ihnen im Handumdrehen das Mittagessen mahlen.

Am ersten Tag machten sie aus, sie wollten Grütze und Hering haben, es war so lange her, seit sie frischen Hering gegessen hatten. Kurz vor Mittag rannte der Mann heim. Er drehte die Mühle an und sagte: »Mühle, mahl mir Hering und Brei!« Sofort begann sie zu knarren und mahlte rasch Hering und Brei durcheinander. Er setzte ein Fass nach dem anderen darunter, aber es dauerte nur kurze Zeit, so waren alle voll, die er hatte. Nun ließ er sie die Bottiche voll mahlen, denn man konnte es ja für die

Schweine verwenden, dachte er, und die Mühle mahlte weiter. Zuletzt waren auch alle seine Eimer voll, und nun dachte er, sie hätten für einige Zeit genug, und wollte die Mühle zum Stehen bringen. Aber sie wollte nicht stehen bleiben, und sein Bruder hatte ihn das Wort nicht gelehrt, das man dabei sagen musste. »Man kann sie ja festhalten, sie ist ja nicht groß«, dachte er, aber das konnte er nicht, und als er sich daran müde geplagt hatte, hatte sie so viel gemahlen, dass er bis an den Hosenbund in Hering und Brei stand.

Der Frau auf dem Feld draußen kam es merkwürdig lang vor, dass er nicht zum Essen rief, und sie ging den Abhang hinauf, um zu sehen, ob er nicht außen stehe und winke. Da kam er aus dem Hof gerannt und rief den Leuten zu, sie sollten doch endlich machen, dass sie heimkämen, und ihm helfen, die Mühle zu halten. Aber als sie heimkamen, hatte sie das ganze Wohnhaus vollgemahlen. Da barst eine Tür, und so wälzte es sich hinaus in den Garten wie eine wahre Flut, so dass ein riesiger Brei draußen entstand.

Da wurde es ihm etwas unbehaglich, aber dann fiel ihm ein, dass es das Beste sei, nach seinem Bruder zu schicken. Er kam, aber er wollte die Mühle unter keiner anderen Bedingung zum Stillstand bringen, als dass er sie wiederbekäme. Während sie standen und darüber verhandelten, mahlte die Mühle weiter, dass fast der ganze Hof voll war. Nun musste er sich entschließen, sein Eigentum zu retten und die Mühle fahren zu lassen. Sie wurde also zur Ruhe gebracht, und der Bruder nahm sie mit sich. Aber jetzt mussten sie sich müde schaffen, um den Hof und das Wohnhaus wieder zu säubern.

Lars und seine Leute hatten den ganzen Herbst über zu tun, um all den Hering und Brei wegzuschaffen, und das war keine behagliche Arbeit, denn es fing bald an zu stinken. Aber das Schlimmste war, dass der Herbst darüber versäumt wurde, so dass er seine Ernte nicht unter Dach bekam, und das war ein unermesslicher Verlust für ihn. Im Winter darauf litt sein Vieh

Hunger und starb ihm, ein Stück ums andre, kurz und gut, das Ende war, dass er aus einem reichen ein armer Mann wurde.

Aber der andere Bruder vermehrte seinen Hausstand und wurde ein wohlhabender Mann. Da wollte er nicht mehr in dem kleinen Haus bleiben; und er mahlte sich einen richtigen Staatshof oben auf einer Anhöhe am Meer, und der war gedeckt mit purem Gold statt des Daches. Da wohnte er, und alle Leute, die auf dem Meer vorbeifuhren, konnten sich danach richten, so glänzte es; und alle, die nahe vorbeikamen, gingen hinein, um den Hof zu sehen.

Eines Tages kam da ein norwegischer Schiffskapitän zu ihm zu Besuch, er segelte mit Salzfrachten und fragte ihn, wie er so reich geworden sei. Ja, er sei nicht gerade so reich, aber er habe eine Mühle, die könne alles mahlen, was er sich wünsche. So eine Mühle zu haben, sei schon etwas wert, meinte der Schiffer; wenn sie nur auch Salz mahlen könnte. »Das kann sie natürlich auch«, sagte Hans und setzte sie in Gang, dass der Schiffer sehen sollte, wie sie feines Salz und grobes Salz ganz nach seinem Belieben mahlen konnte. Da bekam er ein großes Gelüsten danach und wollte sie absolut kaufen. »Die könnte mir von ungeheurem Nutzen sein und mir große Seereisen hin und zurück ersparen, denn es ist weit bis zu den Salzklippen.« Er konnte sie bekommen, wenn er tausend Taler dafür zahlte, und dieser Handel wurde ohne langes Hin und Her abgeschlossen.

Der Schiffer nahm die Mühle mit, aber es erging ihm wie dem reichen Mann, er dachte überhaupt nicht daran, sich sagen zu lassen, wie er sie wieder zur Ruhe bringen sollte, wenn er sie einmal in Gang gesetzt hatte.

Als er aufs Meer hinauskam, beschloss er, die Mühle in Betrieb zu setzen, und sie mahlte zuerst grobes Salz und dann feines Salz, als er genug vom groben hatte. Aber als er so lang gemahlen hatte, dass nur noch eine Planke über Wasser war, wollte er die Mühle abstellen. Er packte sie mit beiden Händen und wollte sie festhalten, aber er brachte es nicht fertig, denn sie tat, als ob sie ihn nicht verstehen könnte, und lief genau so rasch weiter.

Da rief er eiligst die ganze Schiffsmannschaft zusammen, aber auch die konnte sie mit all ihrer Kraft nicht festhalten. Da fingen sie an von dem Salz auszuwerfen, aber sie konnten nicht so schnell auswerfen, wie die Mühle mahlte, und das Ende vom Lied war, dass das Schiff zu schwer ward und auf den Grund sank.

Die Mühle sank mit und wurde nicht abgestellt, so dass sie noch heutigen Tages läuft, und das kann man auch daran sehen: Wie viel Wasser auch ins Meer läuft, so bleibt doch das Meer immer gleich salzig.

Aus dem Dänischen übersetzt von Klara Stroebe

Knut Hamsun

Weihnachtliches Gelage

Eine Episode aus Bæverdalen

Ein breiter Schlitten jagt über den Weg, die Glocken bimmeln. Frost, Schnee und Sterne.

Im Schlitten sitzt ein junges Paar. Sie sprechen nicht miteinander; sie achtet nicht auf ihn, wenn er etwas sagt. Bei der Brücke, wo der Wind besonders hart weht, fragt er, ob sie friere; mürrisch antwortet sie, sie friere. Bei den großen Feldern sagt er:

»Ja, jetzt sind wir bald zu Hause.«

Sie waren bald zu Hause, die Lichter des Hofes leuchteten ihnen schon entgegen. Auf dem Hofplatz stand ein Mann, der Großknecht.

»Guten Abend, Brede«, grüßen die Fremden.

»Guten Abend«, antwortet der Knecht und will die Zügel nehmen.

Die junge Frau steigt aus dem Schlitten, streift den Handschuh ab und reicht dem Knecht die Hand. Sie kennen sich schon. Ihre Hand ist kalt, seine heiß. Sie sprechen nicht miteinander, er sagt lediglich:

»Martha, das sehe ich gleich.«

Sie geht mit ihrem Mann ins Haus, und Brede führt die Pferde in den Stall.

Einige Minuten später betritt Brede die Küche und setzt sich auf die lange Bank. Er ist ein junger, starker, hochgewachsener Mann. Lärm und Gelächter aus den Wohnstuben dringen bis zur Küche; alle hören, daß auf dem Hof gefeiert wird. Und die Mägde haben mit dem Abendessen alle Hände voll zu tun.

Die Tür öffnet sich, und Martha erscheint.

Sie begrüßt das ganze Gesinde und streichelt den Hund, dann wendet sie sich an Brede und bittet ihn, ihren einen Handschuh zu suchen, sicher hat sie ihn draußen beim Schlitten verloren. Dabei trifft das Licht der Lampe ihr Gesicht, sie ist kräftig, jung und blond. Brede blickt sie kurz an, dann geht er stumm aus dem Haus.

Bald darauf folgt ihm Martha. Sie findet Brede beim Schlitten.

»Kannst du den Handschuh finden?« fragt sie.

»Nein«, antwortet er.

Sie suchen beide weiter. Schließlich sagt sie:

»Du hast dich im letzten Jahr kaum verändert.«

»O doch«, antwortet er. »Es war ein langes Jahr.«

»Ja«, sie stimmt zu. »Es war ein langes Jahr. Und nie bist du in unsere Gegend gekommen.«

Sie können den Handschuh nicht finden. Sie bleiben bei der Treppe stehen. Er sagt:

»Du frierst, Martha. Du bist nicht dick genug angezogen.«

»Ist doch egal«, sagt sie langsam.

Ihr Mann kommt aus dem Haus. Er sieht munter und lustig aus, hat mehrere Glas Schnaps getrunken. Martha mustert ihn unwillig und geht hinein.

»Trink du doch auch ein Glas, Brede«, sagt ihr Mann gutmütig.

Beide gehen in die Küche, die Flasche wird geholt. Beim dritten Glas weigert sich Brede, noch mehr zu trinken, aber der Mann redet ihm weiter zu. Also trinkt er noch ein viertes Glas, dann springt er auf und verläßt die Küche.

Er geht hinunter in die Gesindestube. Zwei andere Knechte spielen beim Kerzenschein Karten. Es ist fast acht Uhr.

Brede setzt sich allein in eine Ecke. Er horcht auf Schritte im Gang.

Jetzt kommt jemand, um uns zum Essen zu rufen, denkt er. Und dann kommt Martha.

»Spielst du nicht?« fragt sie ihn.

»Nein«, antwortet er.

»Dann kannst du mir wohl kurz behilflich sein«, sagt sie.

Brede folgt ihr nach draußen.

»Was willst du?« fragt er.

Sie gibt keine Antwort. Im Gang ist es dunkel. Sie hat ihn an der Hand gefaßt, und er hört ihr Herz schlagen.

»Es ist so seltsam, dich wiederzusehen«, sagt sie.

Brede gibt keine Antwort. Sie fragt:

»Du machst dir wohl nichts mehr aus mir?«

»Nein«, antwortet er. »Geh wieder ins Haus, Martha.«

Eine Minute verstreicht, dann läßt sie plötzlich seine Hand los, stößt sie fort und sagt wütend:

»Ja, weg mit dir, laß mich vorbei!«

Verwirrt und ratlos bleibt er stehen. Er schaut auf den Hofplatz hinaus, aber sie ist bereits verschwunden.

Dann werden sie zum Essen gerufen. Brede geht in die Küche und setzt sich zu dem übrigen Gesinde an den Tisch. Nach einer Weile erscheint Marthas Mann abermals mit der Flasche. Sein Gesicht ist jetzt noch röter, noch lustiger, er schenkt allen ein, zuerst und zuletzt jedoch Brede. Auch Martha läßt sich in der Küche sehen, aber sie lacht nur laut und geht neben ihrem Mann her.

»Nun gib Brede doch noch einen Schluck«, sagt sie.

Der Mann schenkt ein. Brede trinkt ein Glas nach dem anderen, dann fragt er plötzlich:

»Warum soll ich eigentlich soviel trinken?«

»Trink«, sagt der Mann.

Wütend springt Brede auf, schnappt sich seine Mütze und stürzt davon.

»Hinterher!« ruft Martha.

Alles lacht. Martha verfolgt Brede, ihr Mann rennt lachend und johlend mit der Flasche hin und her. Immer mehr Festgäste kommen aus dem Haus, um sich den Auftritt anzusehen, auch Marthas Vater, der Hausherr, er schüttelt sich vor Lachen und hält sich den Wanst. Brede rennt zur Scheune hinunter, sieht, daß er verfolgt wird und klettert zielbewußt die Leiter hoch, höher und höher, bis er schließlich auf dem Dach der Scheune angekommen ist. Hier setzt er sich in den Schnee. Der Mond ist aufgegangen, der Abend ist blank und hell.

»Vorsicht, das kann gefährlich sein!« schreit Martha.

Brede gibt keine Antwort.

»Ist das denn nicht gefährlich?« ruft sie jetzt mit ängstlichem Gesicht.

Brede gibt keine Antwort. Der Mond scheint auf seinen kräftigen Körper, der auf dem Dach seinen Schatten wirft.

»Hinterher, Paul!« sagt Martha langsam und wütend.

Ihr Mann klettert die Leiter hoch. Er lacht und redet mit den Zuschauern, klettert, kommt auf der obersten Sprosse an, schaut über die Dachkante und nickt Brede zu.

»Brede«, sagt er.

»Was willst du von mir?« fragt Brede. »Ich werf' dich ihr auf den Kopf.«

Paul steigt auf das Dach.

»Ja, wirf mich ihr nur auf den Kopf, dazu bist du Manns genug«, sagt er. Er redet Brede gut zu, ist in jeder Hinsicht seiner Meinung, klopft ihm auf die Schulter. Er bietet ihm einen Schluck aus der Flasche an, und Brede trinkt, um ihm einen Gefallen zu tun.

Da sitzen sie nun. Die Festgäste kehren zu ihrem Festmahl zurück. Brede trinkt immer mehr, Paul umarmt ihn, sie stoßen auf gute Freundschaft an.

»Du hast Martha als erster gekannt«, Paul zwinkert mit den Augen und lacht. »Ihr seid ja fast miteinander aufgewachsen.«

Brede fragt mißtrauisch: »Was willst du jetzt eigentlich von mir hören? Frag sie doch selber.«

»Jetzt gib Brede doch etwas zu trinken«, ruft Martha von unten. »Willst du mich ins Verderben stürzen, willst du das?« fragt Brede.

Die Flasche wird geleert. Brede sitzt schwankend auf dem Dach. Unter ihm steht Martha und beobachtet alles.

»Schließlich ist nur einmal im Jahr Weihnachten«, sagt Paul mit einfältiger Miene und will wieder nach unten klettern.

»Warte noch!« ruft Brede ihm hinterher. »Ist die Flasche schon leer?« Er breitet die Arme aus und glotzt auf den Hofplatz hinunter. Er bewirft Paul mit Schnee und lacht aus vollem Hals.

Als Paul unten angekommen ist, sagt seine Frau:

»Und jetzt nimmst du die Leiter weg.«

Das hört Brede oben auf dem Dach, und er antwortet:

»Ja, nimm die Leiter nur weg. Ich springe runter,«

Er erhebt sich und macht sich für den Sprung bereit, tritt zurück und fällt auf das Dach. Träge und betrunken liegt er dann da und sieht zu, wie die Leiter weggenommen wird.

Auf dem Hof kehrt Ruhe ein, er schaut nach unten, kann keinen Menschen sehen und glaubt, er sei allein. Die Leiter wird wieder aufgestellt, aber Brede merkt das nicht, ihm fallen die Augen zu.

»Jetzt bringt endlich die Leiter«, murmelt er vor sich hin. Die Kälte tut ihre Wirkung, er schläft ein, dann fährt er plötzlich hoch. »Bring die Leiter, dann gebe ich dir etwas«, sagt er. »Ich habe etwas für dich.« Verwirrt und ungeheuer betrunken stemmt er sich vom Dach ab und läßt sich nach unten gleiten.

Ein Schrei ertönt, alles redet durcheinander, die Leute umringen ihn.

»Aber die Leiter steht doch da«, sagt Martha empört. »Ich habe sie zurückgebracht, da steht sie doch.«

Brede dreht sich im Schnee einige Male um sich selbst, dann erhebt er sich. Er hat sich die Stirn aufgeschlagen, er blutet, aber der Sturz hat ihn geweckt, verwundert lacht er und wischt sich mit fröhlicher Miene das Blut aus dem Gesicht. Er kann nicht stillstehen, er taumelt hin und her, und ein anderer Knecht packt ihn am Arm, um ihn zu stützen, seine Jacke öffnet sich über seiner Brust, und ein Handschuh fällt heraus.

Martha reißt die Augen auf, leidenschaftliche Freude jagt über ihr Gesicht, sie tritt näher an ihn heran, hebt den Handschuh auf und steckt ihn in die Tasche. »Er hatte meinen Handschuh«, sagt sie leise. »Er hatte ihn ja doch.«

Sie geht selber mit ins Haus, um Brede zu verbinden. Sein Rausch verfliegt langsam, sein harter Schädel ist bald geheilt. Er taumelt noch immer, seine Beine werden untersucht, und eins ist gebrochen. Martha fällt auf die Knie und bindet in aller Eile seine Schnürsenkel auf …

Zwei Jahre später wurde Martha Witwe, und noch ein Jahr darauf war Brede mit dem steifen Bein ihr Ehemann.

Aus dem Norwegischen übersetzt von Gabriele Haefs

Hans Christian Andersen

Die Schneekönigin
Ein Märchen in sieben Geschichten

Erste Geschichte, die vom Spiegel und den Splittern handelt

Seht nur! jetzt fangen wir an. Wenn wir am Ende der Geschichte angekommen sind, wissen wir mehr, als wir jetzt wissen, denn da war einmal ein böser Troll! es war einer von den allerschlimmsten, es war der Deubel! Eines Tages war er richtig guter Laune, denn er hatte einen Spiegel gemacht, der die Eigenschaft besaß, dass alles Gute und Schöne, das sich darin spiegelte, darin beinahe zu Nichts zusammenschmolz, aber was nichts taugte und übel aussah, das trat so recht hervor und wurde noch schlimmer. Die herrlichsten Landschaften sahen darin aus wie gekochter Spinat, und die besten Menschen wurden ekelhaft oder standen auf dem Kopf ohne Bauch, die Gesichter wurden so verdreht, dass sie nicht wiederzuerkennen waren, und hatte man eine Sommersprosse, dann konnte man sicher sein, dass sie sich ausdehnte über Nase und Mund. Das war überaus lustig, sagte »der Deubel«. Ging nun ein guter frommer Gedanke durch einen Menschen, dann entstand ein Grinsen im Spiegel, dass der Trollteufel lachen musste über seine kunstreiche Erfindung. Alle, die in die Trollschule gingen (er hielt nämlich eine Trollschule ab), erzählten ringsum, es sei ein Wunder geschehen; jetzt erst könne man sehen, meinten sie, wie die Welt und die Menschen wirklich aussahen. Sie liefen mit dem Spiegel herum, und zuletzt gab es kein Land und keinen Menschen mehr, die nicht darin verdreht worden wären. Nun wollten sie auch zum Himmel selbst hinauffliegen, um die Engel und »den Herrgott« zum Gespött zu machen. Je höher sie mit dem Spiegel flogen, desto stärker grinste es darin, sie konnten ihn kaum noch festhalten; höher und höher flogen sie hinauf, näher zu Gott und den Engeln; da zitterte der Spiegel so fürchterlich in seinem Grinsen, dass er ihnen aus den Händen fuhr und zur Erde hinunterstürzte, wo er in hunderte von Millionen, Billionen und noch mehr Stücke ging, und gerade so brachte er noch viel größeres Unglück als vorher; denn manche Stückchen waren kaum so groß wie ein Sandkorn, und diese flogen in der weiten Welt umher, und wo sie Leuten in die Augen gerieten, da blieben sie sitzen, und da sahen die Menschen alles verkehrt oder hatten nur Augen für das, was an einer Sache verkehrt war, denn jedes kleine Spiegelkörnchen hatte dieselben Kräfte behalten, die der ganze Spiegel besessen hatte; manche Menschen bekamen sogar einen kleinen Spiegelsplitter ins Herz hinein, und dann war es ganz grässlich, denn das Herz wurde nun gleichsam zu einem Eisblock. Einige Spiegelstücke waren so groß, dass man sie als Fensterglas verwendete, aber es lohnte nicht, seine Freunde durch diese Scheibe zu sehen; andere Stücke kamen in Brillen, und dann ging es übel zu, wenn Leute diese Brillen aufsetzten, um recht hinzusehen und gerecht zu sein; der Böse lachte, dass es ihm den Bauch zerriss, und das kitzelte ihn so angenehm. Draußen aber flogen noch immer kleine Glassplitter durch die Luft. Und nun werden wir etwas zu hören kriegen!

Zweite Geschichte
Ein kleiner Junge und ein kleines Mädchen

Drinnen in der großen Stadt, wo so viele Häuser und Menschen sind, dass nicht einmal genug Platz ist, dass alle Leute einen kleinen Garten haben könnten, und wo die meisten sich daher mit Pflanzen in Blumentöpfen begnügen müssen, da waren doch zwei arme Kinder, die hatten einen Garten, der war etwas größer als ein Blumentopf. Sie waren nicht Bruder und Schwester, aber sie hatten einander genauso lieb, als wären sie es. Die Eltern wohnten gleich nebeneinander; sie wohnten in zwei Dachkammern; dort, wo das Dach des einen Nachbarhauses an das andere stieß und die eine Dachrinne an der anderen entlanglief, da schaute aus jedem Haus ein kleines Fenster; man brauchte bloß einen großen Schritt über die Rinne zu machen, dann kam man vom einen Fenster zum andern.

Die Eltern hatten draußen jeder einen großen Holzkasten, und in dem wuchsen Küchenkräuter, die sie brauchten, und ein kleiner Rosenstock; es war in jedem Kasten einer, der wuchs so gesegnet. Nun kam es den Eltern in den Sinn, die Kästen so quer über die Rinne zu stellen, dass sie beinahe vom einen Fenster zum andern reichten und ganz lebensecht wie zwei Blumen-Wälle aussahen. Erbsenranken hingen über die Kästen herab, und aus den Rosenstöcken schossen lange Zweige, rankten sich um die Fenster und neigten sich zueinander: Da war es beinahe wie eine Ehrenpforte aus Grün und aus Blüten. Da die Kästen sehr hoch waren und die Kinder wussten, dass sie nicht hinaufklettern durften, so bekamen sie oft die Erlaubnis, zueinander herauszusteigen und auf ihren kleinen Schemeln unter den Rosen zu sitzen, und da spielten sie nun so prächtig.

Im Winter war dieses Vergnügen ja vorbei. Die Fenster waren oft ganz mit Frost überzogen, aber dann wärmten sie Kupferschillinge auf dem Kachelofen, legten den heißen Schilling auf die zugefrorene Scheibe, und dann gab es ein wunderbares Guckloch, so rund, so rund; dahinter lugte ein gesegnetes kleines Auge hervor, eins aus jedem Fenster; das waren der kleine Junge und das kleine Mädchen. Er hieß Kay und sie hieß Gerda. Im Sommer konnten sie mit einem Sprung zueinanderkommen, im Winter mussten sie erst die vielen Stiegen hinunter und die vielen Stiegen hinauf; draußen stob der Schnee.

»Das sind die weißen Bienen, die schwärmen aus«, sagte die alte Großmutter.

»Haben die auch eine Bienenkönigin?«, fragte der kleine Junge, denn er wusste, dass die richtigen Bienen so eine haben.

»Das haben sie!«, sagte die Großmutter. »Sie fliegt da, wo sie am dichtesten schwärmen! sie ist die größte von allen, und niemals bleibt sie still auf der Erde, sie fliegt wieder hinauf in den schwarzen Himmel. Viele Winternächte fliegt sie durch die Straßen der Stadt und sieht zu den Fenstern hinein, und da frieren sie so wunderlich zu, als wären es lauter Blumen.«

»Ja, das habe ich schon gesehen!«, sagten beide Kinder, und so wussten sie, dass es die Wahrheit war.

»Kann die Schneekönigin hier hereinkommen?«, fragte das kleine Mädchen.

»Lass sie nur kommen«, sagte der Junge, »dann setze ich sie auf den warmen Kachelofen, und dann schmilzt sie.«

Aber die Großmutter strich ihm übers Haar und erzählte andere Geschichten.

Am Abend, als der kleine Kay zu Hause war und schon halb ausgezogen, kroch er auf einen Stuhl am Fenster hinauf und lugte durch das kleine Loch hinaus; ein paar Schneeflocken fielen draußen, und eine davon, die allergrößte, blieb auf dem Rand der einen Blumenkiste liegen; die Schneeflocke wuchs mehr und mehr, zuletzt wurde sie zu einem ganzen Frauenzimmer, gekleidet in die feinsten, weißen Schleier, die waren wie zusammengesetzt aus Millionen sternengleichen Gestöbers. Sie war so schön und fein, aber aus Eis, dem blendenden, blinkenden Eis, und doch war sie lebendig; die Augen starrten wie zwei klare Sterne, aber es war keine Rast oder Ruh darin. Sie nickte zum Fenster und winkte mit der Hand. Der kleine Junge erschrak und sprang vom Stuhl hinunter, da war es, als flöge draußen ein großer Vogel am Fenster vorüber.

Am nächsten Tag herrschte klarer Frost, – und dann kam der Frühling, die Sonne schien, das Grün spross hervor, die Schwalben bauten Nester, die Fenster öffneten sich, und die kleinen Kinder saßen wieder in ihrem kleinen Garten hoch oben in der Dachrinne über allen Etagen.

Die Rosen blühten in diesem Sommer so unvergleichlich;

das kleine Mädchen hatte ein Kirchenlied gelernt, und in dem ging es um Rosen, und bei den Rosen dachte sie an ihre eigenen; und sie sang es dem kleinen Jungen vor, und dann sang er mit:

»Im Tal die Rosen blühen fort und fort,
Da kommt zu uns vom Jesuskind das Wort!«

Und die Kleinen hielten einander bei den Händen, küssten die Rosen und blickten in Gottes klaren Sonnenschein und sprachen zu ihm, als sei das Jesuskind darin. Was waren das für herrliche Sommertage, wo es gesegnet war, draußen bei den frischen Rosenstöcken zu sein, die, wie es schien, niemals aufhören wollten zu blühen.

Kay und Gerda saßen da und sahen sich ein Bilderbuch an mit Tieren und Vögeln, da geschah es – die Glocke schlug gerade fünf im großen Kirchturm –, dass Kay sagte: »Au! da hat mich was ins Herz gestochen! und jetzt habe ich etwas im Auge!«

Das kleine Mädchen fasste ihn um den Hals; er zwinkerte mit den Augen; nein, da war nichts zu sehen.

»Ich glaube, es ist weg!«, sagte er; aber weg war es nicht. Es war just so eins von diesen Glaskörnchen, die vom Spiegel abgesprungen waren, dem Trollspiegel, wir erinnern uns wohl, dem scheußlichen Glas, das machte, dass alles Große und Gute, das sich darin spiegelte, zu etwas Kleinem und Hässlichen wurde, aber das Böse und Schlechte wurde ordentlich groß, und jeder Fehler an einer Sache war sofort zu bemerken. Der arme Kay, er hatte auch so ein Körnchen geradewegs ins Herz bekommen. Bald würde es wie ein Eisblock sein. Nun tat es nicht mehr weh, aber es war da.

»Warum weinst du?«, fragte er. »Dann siehst du hässlich aus! mir fehlt ja nichts! Igitt!«, rief er und im selben Atemzug: »In der Rose da sitzt ein Wurm! und sieh nur, die da ist ganz schief! es sind eigentlich ekelhafte Rosen! genau wie die Kästen, in denen sie stehen!«, und dann stieß er mit dem Fuß grob gegen den Kasten und riss die beiden Rosen ab.

»Kay, was tust du da!«, rief das kleine Mädchen; und als er sah, wie sie sich erschrak, riss er noch eine Rose ab und lief dann zu seinem Fenster hinein fort von der gesegneten kleinen Gerda.

Als sie später mit dem Bilderbuch kam, sagte er, das sei etwas für Säuglinge, und wenn Großmutter Geschichten erzählte, kam er jedes Mal mit einem Aber – und wenn sich die Gelegenheit ergab, dann ging er hinter ihr her, setzte sich eine Brille auf und redete wie sie; es war ganz akkurat, und dann lachten die Leute über ihn. Er konnte bald reden und gehen wie alle Menschen in der ganzen Straße. Alles, was an ihnen apart und nicht schön war, das wusste Kay nachzuäffen, und dann sagten die Leute: »Der hat bestimmt einen ausgezeichneten Kopf, dieser Junge!«, aber es war nur das Glas, das er ins Auge bekommen hatte, das Glas, das ihm im Herzen saß, daher kam es, dass er sogar die kleine Gerda neckte, die ihn mit ihrer ganzen Seele lieb hatte.

Seine Spiele waren nun ganz anders als zuvor, sie waren so verständig; – eines Wintertages, als die Schneeflocken stoben, brachte er ein großes Brennglas, steckte seinen blauen Mantelzipfel hinaus und ließ die Schneeflocken darauf fallen.

»Schau jetzt mal durch das Glas, Gerda!«, sagte er, und jede Schneeflocke wurde viel größer und sah aus wie eine prächtige Blüte oder ein zehnstrahliger Stern; das war herrlich anzusehen.

»Siehst du, wie kunstvoll?«, sagte Kay, »das ist viel interessanter als die wirklichen Blumen! und es ist nicht ein einziger Fehler daran, die sind ganz akkurat, wenn sie bloß nicht schmelzen wollten!«

Gleich darauf kam Kay mit großen Handschuhen und seinem Schlitten auf dem Rücken, er schrie Gerda direkt ins Ohr: »Ich darf auf dem großen Platz fahren, wo die andern spielen!«, und dann war er auf und davon.

Da draußen auf dem großen Platz banden oft die kecksten Jungen ihre Schlitten am Wagen eines Bauern fest, und dann fuhren sie ein gutes Stück mit. Das ging sehr lustig. Als sie gerade am schönsten spielten, kam ein großer Schlitten; der war ganz weiß gestrichen, und es saß darin jemand, die war eingehüllt in einen zottigen weißen Pelz und hatte eine zottige weiße Mütze auf dem Kopf; der Schlitten fuhr zweimal um den Platz, und Kay band geschwind seinen kleinen Schlitten an ihm fest, und nun fuhr er mit. Das ging schnell und immer schneller geradewegs in die nächste Straße hinein; die Person, die ihn fuhr, wandte den Kopf und nickte Kay ganz freundlich zu, es war gerade, als kennten sie einander; jedes Mal, wenn Kay seinen kleinen Schlitten losbinden wollte, nickte sie wieder, und dann blieb Kay sitzen; sie fuhren geradewegs zum Stadttor hinaus. Da begann der Schnee in so dichten Schloßen zu fallen, dass der kleine Junge nicht die Hand vor Augen sehen konnte, aber er sauste davon, da ließ er schnell die Schnur fallen, um von dem großen Schlitten loszukommen, aber das half nicht, sein kleines Fahrzeug hing fest, und es ging dahin wie der Wind. Da schrie er ganz laut, aber niemand hörte ihn, und der Schnee stob, und der Schlitten fuhr davon; manchmal tat er einen Sprung, dann war es, als führe er über Gräben und Hecken dahin. Er war ganz erschrocken, er wollte sein Vaterunser beten, aber alles, was ihm einfiel, war das große Einmaleins.

Die Schneeflocken wurden größer und größer, zuletzt sahen sie aus wie große weiße Hühner; mit einem Mal sprangen sie zur Seite, der große Schlitten hielt an, und die Person, die darin fuhr, erhob sich, Pelz und Mütze waren aus lauter Schnee; eine Dame war es, so hoch und rank, so schimmernd weiß, es war die Schneekönigin.

»Wir sind gut vorangekommen!«, sagte sie, »aber soll man denn so frieren! komm, kriech in meinen Bärenpelz!« und sie setzte ihn in den Schlitten neben sich, schlug den Pelz um ihn, und es war, als versinke er in einer Schneewehe.

»Frierst du noch!«, fragte sie, und dann küsste sie ihn auf die Stirn. Uh! das war kälter als Eis, es ging ihm geradewegs ins

Herz, das doch schon ein halber Eisblock war; es war, als sollte er sterben; – aber nur für einen Augenblick, dann tat es gerade gut; er spürte nichts mehr von der Kälte ringsum.

»Mein Schlitten! vergiss meinen Schlitten nicht!«, das war das Erste, was ihm wieder einfiel; und der wurde festgebunden an einem der weißen Hühner, und das flog mit dem Schlitten auf dem Rücken hinterdrein. Die Schneekönigin küsste Kay noch einmal, und da hatte er die kleine Gerda und die Großmutter und sie alle dort zu Hause vergessen.

»Nun bekommst du keine Küsse mehr!«, sagte sie, »sonst küsse ich dich tot!«

Kay sah sie an, sie war so schön, ein klügeres, herrlicheres Gesicht konnte er sich nicht denken, nun schien sie nicht mehr aus Eis zu sein wie damals, als sie draußen vor dem Fenster saß und ihm zuwinkte; in seinen Augen war sie vollkommen, ihm war überhaupt nicht ängstlich zumute, er erzählte ihr, dass er Kopfrechnen könnte, und zwar mit Brüchen, die Fläche aller Länder in Quadratkilometern und »wie viele Einwohner«, und sie lächelte immerzu; da war es ihm, als sei es doch nicht genug mit dem, was er wusste, und er blickte hinauf in den großen, großen Luftraum, und sie flog mit ihm, flog hoch hinauf auf die schwarze Wolke, und der Sturm sauste und brauste, es war, als sänge er alte Weisen. Sie flogen über Wälder und Seen, über Länder und Meere; tief drunten sausten die kalten Winde, die Wölfe heulten, der Schnee funkelte, darüber flogen die schwarzen schreienden Krähen hin, in der Höhe aber leuchtete der Mond so groß und klar, und ihn sah Kay an, die lange, lange Winternacht hindurch; am Tage schlief er der Schneekönigin zu Füßen.

Dritte Geschichte
Der Blumengarten bei der Frau, die zaubern konnte

Wie aber erging es der kleinen Gerda, als Kay nicht mehr kam? Wo war er bloß? – Niemand wusste es, niemand konnte Bescheid geben. Die Jungen erzählten nur, dass sie gesehen hatten, wie er seinen kleinen Schlitten an einem prächtigen großen festband, der in die Straße herein und zum Stadttor hinausfuhr. Niemand wusste, wo er war, viele Tränen flossen, die kleine Gerda weinte so bitterlich und lange; – da sagten sie, er wäre tot, er sollte in einem Fluss untergegangen sein, der dicht an der Stadt vorbeifloss; oh, das waren sehr lange, dunkle Wintertage.

Nun kam das Frühjahr mit wärmerem Sonnenschein.

»Kay ist tot und fort!«, sagte die kleine Gerda.

»Das glaube ich nicht!«, sagte der Sonnenschein.

»Er ist tot und fort!«, sagte sie zu den Schwalben.

»Das glaube ich nicht!«, antworteten die, und zuletzt glaubte die kleine Gerda es auch nicht mehr.

»Ich will meine neuen roten Schuhe anziehen«, sagte sie eines Morgens, »die Kay nie gesehen hat, und dann will ich zum Fluss hinuntergehen und mich erkundigen!«

Und es war ganz in der Frühe; sie küsste die alte Großmutter, die schlief, zog die roten Schuhe an und ging ganz allein zum Tor hinaus an den Fluss.

»Ist es wahr, dass du meinen kleinen Spielbruder weggenommen hast? Ich will dir meine roten Schuhe schenken, wenn du mir ihn wiedergeben willst!«

Und die Wellen, so kam es ihr vor, nickten so wunderlich; da nahm sie ihre roten Schuhe, das Liebste, das sie hatte, und warf sie beide hinaus in den Fluss, aber sie fielen dicht beim Ufer nieder, und die kleinen Wellen trugen sie sogleich zu ihr ans Land, es war gerade, als ob der Fluss das Liebste, das sie hatte, nicht annehmen wollte, da er ja den kleinen Kay nicht hatte; sie aber glaubte nun, dass sie die Schuhe nicht weit genug geworfen hätte, und so kletterte sie in ein Boot, das im Schilf lag, sie ging bis ganz ans äußerste Ende und warf die Schuhe fort; aber das Boot war nicht angebunden, und durch die Bewegung, die sie machte, glitt es vom Land fort; sie spürte es und beeilte sich fortzukommen, aber bevor sie es zurückgeschafft hatte, war das Boot schon über eine Elle weit draußen, und nun glitt es rascher davon.

Da bekam die kleine Gerda einen großen Schrecken und fing an zu weinen, aber niemand hörte sie, nur die grauen Sperlinge, und die konnten sie nicht an Land tragen, aber sie flogen am Ufer entlang und sangen, wie um sie zu trösten: »Hier sind wir! hier sind wir!« Das Boot trieb mit der Strömung; die kleine Gerda saß ganz still in ihren bloßen Strümpfen; ihre kleinen roten Schuhe schwammen hinterdrein, aber sie konnten das Boot nicht erreichen, das nahm stärkere Fahrt auf.

Schön war es auf beiden Ufern, wunderschöne Blumen, alte Bäume und Böschungen mit Schafen und Kühen, aber nicht ein Mensch in Sicht.

»Vielleicht trägt der Fluss mich zum kleinen Kay«, dachte Gerda, und so kam sie in bessere Stimmung, erhob sich und schaute viele Stunden lang die schönen grünen Ufer an; da kam sie zu einem großen Kirschgarten, in dem ein kleines Haus stand mit wunderlichen roten und blauen Fenstern, außerdem einem Strohdach und zwei Holzsoldaten, die allen, die vorbeisegelten, salutierten.

Gerda rief sie an, sie glaubte, sie seien lebendig, aber die antworteten natürlich nicht; sie kam ihnen ganz nah, der Fluss trieb das Boot geradewegs auf das Land zu.

Gerda rief noch lauter, und da kam aus dem Haus ein altes, altes Weib, das stützte sich auf einen Krückstock; sie trug einen großen Sonnenhut, und der war mit den herrlichsten Blumen bemalt.

»Du kleines armes Kind!«, sagte das alte Weib; »wie bist du nur auf den großen, starken Strom hinausgeraten, so weit hinausgetrieben in die weite Welt!«, und dann ging das alte Weib ganz ins Wasser hinaus, schlug ihren Krückstock über den Rand des Bootes, zog es ans Land und hob die kleine Gerda heraus.

Und Gerda war froh, aufs Trockene zu kommen, aber doch ein bisschen bange vor dem fremden, alten Weib.

»Komm doch her und erzähl mir, wer du bist, und wie du hierherkommst!«, sagte sie.

Und Gerda erzählte ihr alles; und die Alte schüttelte den Kopf und sagte »Hm! hm!«, und als Gerda ihr alles gesagt und gefragt hatte, ob sie nicht den kleinen Kay gesehen hätte, sagte das Weib, dass er nicht hier vorbeigekommen sei, er werde aber schon noch kommen, sie sollte nur nicht betrübt sein, sondern lieber ihre Kirschen probieren und ihre Blumen anschauen, die seien schöner als jedes Bilderbuch, von denen könne jede eine ganze Geschichte erzählen. Dann nahm sie Gerda bei der Hand, sie gingen hinein in das kleine Haus, und das alte Weib schloss die Tür ab.

Die Fenster saßen hoch oben, und das Glas darin war rot, blau und gelb; das Tageslicht spielte so wunderlich darin in allen Farbtönen, aber auf dem Tisch standen die herrlichsten Kirschen, und Gerda aß, so viele sie wollte, denn das durfte sie. Und während sie aß, kämmte das alte Weib ihr Haar mit einem goldenen Kamm, und das Haar lockte sich und schimmerte so wunderbar blond um das kleine, freundliche Gesicht, das so rund war und aussah wie eine Rose.

»So ein süßes kleines Mädchen habe ich mir richtig lange gewünscht«, sagte die Alte. »Nun sollst du sehen, wie gut wir beiden miteinander auskommen!«, und je länger sie das Haar der kleinen Gerda kämmte, desto mehr vergaß Gerda ihren Pflegebruder Kay; denn das alte Weib konnte zaubern, aber eine böse Zauberin war sie nicht, sie zauberte nur so ein bisschen zu ihrem eigenen Vergnügen, und nun wollte sie gerne die kleine Gerda behalten. Darum ging sie in den Garten, streckte ihren Krückstock gegen alle Rosenstöcke aus, und so wunderbar sie auch blühten, so sanken sie doch alle hinab in die schwarze Erde und man konnte nicht sehen, wo sie gestanden hatten. Die Alte hatte Angst, dass Gerda die Rosen sehen und dann an ihre eigenen denken würde und dass ihr dann wieder der kleine Kay in den Sinn käme und sie davonliefe.

Nun führte sie Gerda in den Blumengarten hinaus. – Nein! welcher Wohlgeruch, welche Wonne! alle erdenklichen Blumen, und das für jede Jahreszeit, standen hier im prächtigsten Blütenflor; kein Bilderbuch konnte bunter und schöner sein. Gerda hüpfte vor Freude, und sie spielte, bis die Sonne hinter den hohen Kirschbäumen unterging, da bekam sie ein herrliches Bett mit Bettdecken aus roter Seide, die waren mit blauen Veilchen gefüllt, und sie schlief und träumte darin so wunderbar wie nur eine Königin am Tag ihrer Hochzeit.

Am nächsten Tag konnte sie wieder im warmen Sonnenschein mit den Blumen spielen –, und so vergingen viele Tage. Gerda kannte jede Blume, doch so viele da auch waren, war ihr doch immer, als ob eine fehlte, nur welche, das wusste sie nicht. Da sitzt sie eines Tages so da und blickt auf den Sonnenhut des alten Weibes mit den gemalten Blumen, und just die schönste davon war eine Rose. Die Alte hatte vergessen, sie vom Hut zu entfernen, als sie die anderen in die Erde brachte. Aber so geht es, wenn man seine Gedanken nicht zusammenhält! »Was!«, sagte Gerda, »sind hier keine Rosen!«, und sprang zwischen den Beeten herum, suchte und suchte, aber es waren keine zu finden; da setzte sie sich nieder und weinte, aber ihre heißen Tränen fielen gerade dort nieder, wo ein Rosenstock versunken war, und als die warmen Tränen die Erde wässerten, schoss der Stock mit einem Mal empor, so blühend wie in dem Augenblick, in dem er versunken war, und Gerda umschlang ihn, küsste ihn und dachte an die herrlichen Rosen zu Hause und mit ihnen an den kleinen Kay.

»Oh, wie habe ich mich verspätet!«, sagte das kleine Mädchen. »Ich sollte ja Kay finden! – Wisst ihr nicht, wo er ist?«, fragte sie die Rosen. »Glaubt ihr, er ist tot und fort?«

»Tot ist er nicht«, sagten die Rosen. »Wir sind ja in der Erde gewesen, da sind all die Toten, aber Kay war da nicht!«

»Danke, ihr Rosen!«, sagte die kleine Gerda, und sie ging zu den anderen Blumen und blickte in ihre Kelche und fragte: »Wisst ihr nicht, wo der kleine Kay ist?«

Aber jede Blume stand in der Sonne und träumte ihr eigenes Märchen oder ihre eigene Geschichte, davon bekam die kleine Gerda viele, so viele, aber niemand wusste etwas von Kay.

Und was sagte da die Feuerlilie?

»Hörst du die Trommel: bum! bum! das sind nur zwei Töne, immer bum! bum! hör das Klagelied der Frauen! hör, wie die Priester rufen! – In ihrem langen roten Gewand steht die Hindufrau am Feuer, die Flammen schlagen über ihr und ihrem toten Mann zusammen; die Hindufrau aber denkt an den Lebenden hier im Kreise, an ihn, dessen Augen heißer als die Flammen brennen, an ihn, dessen Augenflammen ihrem Herzen näherkommen als die Flammen, die bald ihren Körper zu Asche verbrennen. Kann Herzensfeuer denn im Feuer sterben?«

»Davon verstehe ich kein bisschen!«, sagte die kleine Gerda.

»Das ist mein Märchen!«, sagte die Feuerlilie.

Was sagt die Windenblüte?

»Über den schmalen Gebirgsweg ragt eine alte Ritterburg hinaus; das dichte Immergrün wächst über die alten roten Mauern hinauf, Blatt an Blatt, rings um den Altan, und da steht ein wunderschönes Mädchen; sie beugt sich über das Geländer hinaus und sieht den Weg hinab. Keine Rose hängt so frisch von den Zweigen wie sie, keine Apfelblüte, wenn der Wind sie vom Baum davonträgt, schwebt leichter dahin als sie; wie raschelt das prächtige Seidengewand. ›Kommt er denn nicht!‹«

»Ist es Kay, den du meinst«, fragte die kleine Gerda.

»Ich spreche nur von meinem Märchen, meinem Traum«, antwortete die Windenblüte.

Was sagt das kleine Schneeglöckchen?

»Zwischen den Bäumen hängt an Seilen das lange Brett, das ist eine Schaukel; zwei niedliche kleine Mädchen, – die Kleidchen sind weiß wie Schnee, lange grüne Seidenbänder flattern von den Hüten – sitzen darauf und schaukeln; der Bruder, der größer ist als sie, steht aufrecht auf der Schaukel, er hat den Arm um das Seil gelegt, um sich festzuhalten, denn in der einen Hand hält er eine kleine Schale, in der anderen eine Tonpfeife, er bläst Seifenblasen; die Schaukel geht, und die Seifenblasen fliegen mit herrlichen, wechselnden Farben dahin; die letzte hängt noch am Pfeifenstiel und dehnt sich im Wind; die Schaukel geht. Der kleine schwarze Hund, leicht wie die Seifenblasen, stellt sich auf die Hinterbeine und will mit auf die Schaukel, die fliegt; der Hund plumpst herab, kläfft und ist wütend; die Schaukel schwingt und narrt ihn, die Seifenblasen platzen – ein schaukelndes Brett, ein zerspringendes Bild aus Schaum, das ist mein Lied!«

»Es mag wohl sein, dass es hübsch ist, was du da erzählst, aber du sagst es so traurig und erwähnst mit keinem Wort Kay. Was sagen die Hyazinthen?«

»Es waren einmal drei wunderschöne Schwestern, so durchsichtig und fein; das Gewand der Einen war rot, das der Zweiten blau, das der Dritten ganz weiß; Hand in Hand tanzten sie an dem stillen See im Mondschein. Sie waren keine Elfenmädchen, sie waren Menschenkinder. Da duftete es so süß, und die Mädchen verschwanden im Walde; der Duft wurde stärker; – drei Särge, darin lagen die lieblichen Mädchen, glitten aus dem Waldesdickicht über den See; Johanniskäferchen flogen schimmernd um sie her, wie kleine schwebende Lichter. Schlafen die tanzenden Mädchen, oder sind sie tot? – Der Blütenduft sagt, sie seien Leichen; die Abendglocke läutet für die Toten!«

»Du machst mich ganz betrübt«, sagte die kleine Gerda. »Du duftest so stark; ich muss an die toten Mädchen denken! ach, ist denn wirklich der kleine Kay tot? Die Rosen sind unten in der Erde gewesen, und die sagen nein!«

»Ding, dong!«, läuteten die Hyazinthenglocken. »Wir läuten nicht für den kleinen Kay, den kennen wir nicht! wir singen nur unser Lied, das einzige, das wir können!«

Und Gerda ging zur Butterblume, die aus den glänzenden grünen Blättern herausleuchtete.

»Du bist eine kleine helle Sonne!«, sagte Gerda. »Sag mir, ob du weißt, wo ich meinen Spielbruder finden soll?«

Und die Butterblume leuchtete so schön und sah wieder Gerda an, welches Lied konnte wohl die Butterblume singen? Das war auch nicht über Kay.

»In einen kleinen Hof schien Gottes Sonne so warm am ersten Frühlingstag; die Strahlen glitten an den weißen Mauern des Nachbarn herab, dicht daneben wuchsen die ersten gelben Blumen, leuchtendes Gold in den warmen Sonnenstrahlen; die alte Großmutter war draußen in ihrem Stuhl, die Enkeltochter, das arme, schöne Dienstmädchen, kam auf einen kurzen Besuch nach Hause; sie küsste die Großmutter. Es war Gold, Herzensgold in dem gesegneten Kuss. Gold auf den Mund, Gold im Grund, Gold in heller Morgenstund! Sieh, das ist meine kleine Geschichte!«, sagte die Butterblume.

»Meine arme alte Großmutter!«, seufzte Gerda. »Ja die hat bestimmt Sehnsucht nach mir, sie hat Kummer um mich, genau wie damals um den kleinen Kay. Aber ich komme bald wieder nach Hause, und dann bring ich Kay mit. – Es hilft nichts, dass ich die Blumen frage, die können nur ihr eigenes Lied, die sagen mir nicht Bescheid!«, und dann band sie ihr Kleidchen hoch, damit sie schneller laufen könnte; aber die Osterglocke schlug ihr gegen die Beine, als sie darüber sprang; da blieb sie stehen, sah die lange gelbe Blume an und fragte: »Weißt du vielleicht etwas?«, und sie beugte sich hinunter zur Osterglocke. Und was sagte die?

»Ich kann mich selber sehn! ich kann mich selber sehn!«, sagte die Osterglocke. »Oh, oh, wie ich dufte! – Oben in der Dachkammer, halb angezogen, steht eine kleine Tänzerin, sie steht bald auf einem Bein, bald auf zweien, sie gibt der ganzen Welt einen Tritt, sie ist bloß Blendwerk für die Augen. Sie gießt Wasser aus einem Teekessel auf ein Stück Stoff, das sie in der Hand hält, das ist ihr Schnürleibchen; – Reinlichkeit ist eine schöne Sache! das weiße Kleid hängt am Haken, das ist auch im Teekessel gewaschen und auf dem Dach getrocknet; das zieht sie an, das safrangelbe Tuch um den Hals, dann leuchtet das Kleid noch weißer. Das Bein in die Höhe! sieh, wie sie emporragt auf einem Stiel! ich kann mich selber sehn! ich kann mich selber sehn!«

»Das kümmert mich nicht im Geringsten!«, sagte Gerda. »Das ist nichts, was man mir erzählen muss!«, und dann lief sie zum Rand des Gartens.

Das Tor war verschlossen, aber sie rüttelte an der rostigen Krampe, da ging sie los, und das Tor sprang auf, und dann lief die kleine Gerda auf nackten Füßen hinaus in die weite Welt. Sie sah dreimal zurück, aber da war niemand, der hinter ihr herkam; zuletzt konnte sie nicht mehr laufen und setzte sich auf einen großen Stein, und als sie sich umsah, war der Sommer vorbei, es war spät im Herbst, das hatte man da drinnen in dem wunderbaren Garten gar nicht merken können, wo immer Sonnenschein war und die Blumen aus allen Jahreszeiten.

»Gott! wie habe ich mich verspätet!«, sagte die kleine Gerda: »Es ist ja Herbst geworden! dann darf ich mich nicht ausruhen!«, und sie erhob sich, um zu gehen.

Oh, wie waren ihre kleinen Füße weh und müde, und ringsum sah es kalt und rau aus; die langen Weidenblätter waren ganz gelb, und der Nebel tropfte als Wasser von ihnen herunter, ein Blatt nach dem anderen fiel, nur der Schlehdorn trug Früchte, so herb, dass sich der Mund davon zusammenzog. O wie war es grau und schwer in der weiten Welt.

Vierte Geschichte
Prinz und Prinzessin

Gerda musste sich wieder ausruhen; da hüpfte dort über den Schnee, gegenüber der Stelle, an der sie saß, ein großer Krähenmann, der hatte lange da gesessen, sie angeschaut und mit dem Kopf gewackelt; jetzt sagte er: »Kra! kra! – Tag, Tag!« Besser konnte er es nicht sagen, aber er meinte es so gut mit dem kleinen Mädchen und fragte, wohin sie denn so allein ginge, hinaus in die weite Welt. Das Wort: *allein* verstand Gerda sehr gut und fühlte recht gut, wie viel darin lag, und dann erzählte sie dem Krähenmann ihr ganzes Leben und fragte, ob er nicht den kleinen Kay gesehen hätte.

Und die Krähe nickte ganz bedächtig und sagte: »Kann sein! kann sein!«

»Was, glaubst du!«, rief das kleine Mädchen und hätte ihn beinahe totgedrückt, so küsste sie ihn.

»Vernünftig, vernünftig!«, sagte die Krähe. »Ich glaube, ich weiß, – ich glaube, das kann der kleine Kay sein! aber jetzt hat er dich bestimmt vergessen, wegen der Prinzessin!«

»Wohnt er bei einer Prinzessin?«, fragte Gerda.

»Ja hör!«, sagte die Krähe, »aber es fällt mir so schwer, deine Sprache zu sprechen. Wenn du Rabianisch verstehst, kann ich besser erzählen!«

»Nein, das hab ich nicht gelernt!«, sagte Gerda, »aber Großmutter konnte es, und die P-Geheimsprache konnte sie auch. Hätte ich das nur gelernt!«

»Macht nichts!«, sagte die Krähe, »ich erzähle, so gut ich kann, aber schlecht wird es so oder so«, und dann erzählte sie, was sie wusste.

»In dem Königreich, in dem wir jetzt sitzen, wohnt eine Prinzessin, die ist so ungeheuer klug, aber sie hat nun auch alle Zeitungen gelesen, die es auf der Welt gibt, und alle wieder vergessen, so klug ist sie. Neulich sitzt sie auf dem Thron, und so furchtbar lustig ist das auch nicht, heißt es, da summt sie so mir nichts, dir nichts ein Lied, das war just dieses: ›Warum soll ich nicht Hochzeit machen!‹ ›Also hör mal, da ist was dran!‹, sagt sie, und dann wollte sie Hochzeit machen, aber sie wollte einen Mann, der zu antworten verstand, wenn man etwas zu ihm sagte, einen, der nicht bloß dastand und vornehm aussah, denn das ist so langweilig. Da ließ sie alle Hofdamen zusammentrommeln, und als die hörten, was sie wollte, waren sie so vergnügt, ›das gefällt mir ausgesprochen!‹, sagten sie, ›an sowas habe ich neulich auch gedacht!‹ – Du kannst mir glauben, dass es die Wahrheit ist, jedes Wort, das ich sage!«, sagte die Krähe. »Ich habe eine zahme Liebste, die läuft frei im Schloss herum, und die hat mir alles erzählt!«

Das war natürlich auch eine Krähe, seine Liebste, denn Krähe sucht Nähe, und zwar die einer Krähe.

»Die Zeitungen erschienen gleich mit einem Rand aus Herzen und dem Namenszug der Prinzessin; da konnte man lesen, dass es jedem gutaussehenden jungen Mann freistünde, aufs Schloss hinaufzukommen und mit der Prinzessin zu reden, und der, der so redete, dass man hören konnte, dass er hier zu Hause war und am besten redete, den wollte die Prinzessin zum Mann nehmen! – Ja, ja!«, sagte die Krähe, »du kannst mir glauben, das ist so sicher wie ich hier sitze, das Volk strömte, es war ein Gedränge und eine Rennerei, aber es klappte nicht, weder am ersten noch am zweiten Tag. Sie konnten allesamt gut reden, wenn sie draußen auf der Straße waren, aber wenn sie zum Schlosstor hereinkamen und die Garden in Silber sahen, und oben auf den Treppen die Lakaien in Gold und die großen erleuchteten Säle, dann waren sie ganz verblüfft; und standen sie vor dem Thron, auf dem die Prinzessin saß, dann wussten sie nichts zu sagen als nur das letzte Wort, das sie gesagt hatte, und das nochmal zu hören, darauf gab sie nichts. Es war gerade, als hätten die Leute da drinnen Schnupftabak im Magen und wären in Winterschlaf gefallen, bis sie wieder auf die Straße hinauskamen, ja, dann konnten sie plappern. Da stand eine lange Reihe vom Stadttor bis zum Schloss. Ich war selbst drin und hab's gesehen!«, sagte die Krähe. »Sie wurden hungrig und durstig, aber vom Schloss bekamen sie nicht mal ein armseliges Glas lauwarmes Wasser. Ein paar von den Klügsten hatten wohl ein Butterbrot mitgenommen, aber die teilten nicht mit ihrem Nachbarn, die dachten so bei sich: Lass ihn nur hungrig aussehen, dann nimmt die Prinzessin ihn nicht!«

»Aber Kay, der kleine Kay!«, fragte Gerda. »Wann kommt er? War er einer von den vielen?«

»Nur die Ruhe! die Ruhe! nun sind wir gleich bei ihm! das war am dritten Tag, da kam da eine kleine Person, ohne Pferd oder Wagen, ganz keck marschierte er gerade zum Schloss hinauf; seine Augen glänzten wie deine, er hatte wunderschönes langes Haar, aber sonst ganz armselige Kleider!«

»Das war Kay!«, jubelte Gerda. »Oh, dann habe ich ihn also gefunden!«, und sie klatschte in die Hände.

»Er hatte einen kleinen Ranzen auf dem Rücken!«, sagte die Krähe.

»Nein, das war bestimmt sein Schlitten!«, sagte Gerda, »denn mit dem Schlitten ist er weggegangen!«

»Das kann gut sein!«, sagte die Krähe, »ich hab nicht so genau hingesehen! aber das weiß ich von meiner zahmen Liebsten, dass er, als er zum Schlosstor hereinkam und die Leibwache in Silber sah und oben auf der Treppe die Lakaien in Gold, da war er nicht das kleinste bisschen verzagt, er nickte und sagte zu denen: ›Das muss langweilig sein, auf der Treppe zu stehen, ich gehe lieber rein!‹ Dort glänzten die Säle vor Kerzen; Geheimräte und Exzellenzen gingen auf bloßen Füßen und trugen Goldschalen; da konnte man schon feierlich werden! seine Stiefel knirschten so entsetzlich laut, aber er war doch nicht bange!«

»Ganz bestimmt ist das Kay!«, sagte Gerda, »ich weiß, er hatte neue Stiefel, ich habe sie knirschen hören in Großmutters Stube!«

»Ja knirschen, das taten sie!«, sagte die Krähe, »und keck ging er geradewegs bis zur Prinzessin, die saß auf einer Perle, so groß wie ein Spinnrad; und alle Hofdamen mit ihren Mädchen und den Mädchen ihrer Mädchen, und alle Kavaliere mit ihren Dienern und den Dienern ihrer Diener, die Burschen haben, standen ringsum aufgestellt; und je näher sie an der Tür standen, umso stolzer sahen sie aus. Der Bursche der Diener der Diener, der immer in Pantoffeln herumläuft, ist schon fast nicht mehr anzuschauen, so stolz steht er in der Tür!«

»Das muss grässlich sein!«, sagte die kleine Gerda. »Und Kay hat die Prinzessin doch gekriegt!«

»Wäre ich nicht eine Krähe gewesen«, sagte der Krähenmann, »dann hätte ich sie genommen, und das, obwohl ich verlobt bin. Er soll ebenso gut geredet haben, wie ich rede, wenn ich Rabianisch rede, das habe ich von meiner zahmen Liebsten. Er war keck und niedlich; er war überhaupt nicht gekommen, um um ihre Hand anzuhalten, sondern ganz allein, um die Klugheit der Prinzessin zu hören, und die fand er gut, und sie fand ihn auch gut!«

»Ja, bestimmt! das war Kay!«, sagte Gerda, »er war so klug, er konnte Kopfrechnen mit Brüchen! – Oh, willst du mich nicht ins Schloss bringen!«

»Ja, das ist leicht gesagt!«, sagte die Krähe. »Aber wie stellen wir das an? Ich muss mit meiner zahmen Liebsten darüber reden; sie kann uns wohl Rat geben; denn das Eine muss ich dir sagen, so ein kleines Mädchen wie du, das bekommt niemals die Erlaubnis, ordentlich hineinzugehen!«

»Doch, das tu ich!«, sagte Gerda. »Wenn Kay hört, dass ich hier bin, kommt er gleich her und holt mich!«

»Warte da am Zaun auf mich!«, sagte der Krähenmann, wackelte mit dem Kopf und flog davon.

Erst als es schon Abend und dunkel geworden war, kam er wieder zurück: »Rar! rar!«, sagte er. »Ich soll dich vielmals von ihr grüßen! und hier ist ein Stückchen Brot für dich, das hat sie aus der Küche genommen, da ist Brot genug, und du hast bestimmt Hunger! – Es ist nicht möglich, dass du ins Schloss gelangst, du bist ja barfuß; die Garde in Silber und die Lakaien in Gold werden es nicht erlauben; aber weine nicht, du sollst doch noch da hinaufkommen. Meine Liebste kennt eine kleine Hintertreppe, die zur Schlafkammer führt, und sie weiß, wo man den Schlüssel holt!«

Und sie gingen in den Park, in die große Allee, wo ein Blatt nach dem andern fiel, und als im Schloss die Lichter ausgingen, eins nach dem andern, führte der Krähenmann die kleine Gerda zu einer Hintertür, die nur angelehnt war.

Oh, wie Gerdas Herz vor Angst und Sehnsucht klopfte! es war gerade so, als sollte sie etwas Böses tun, und sie wollte doch bloß herausbekommen, ob es der kleine Kay war; ja, das musste er sein; sie dachte so lebhaft an seine klugen Augen, seine langen Haare; sie konnte richtig vor sich sehen, wie er lächelte, wie damals, als sie zu Hause unter den Rosen saßen. Er würde sich bestimmt freuen, sie zu sehen, zu hören, welchen langen Weg sie um seinetwillen gegangen war, zu erfahren, wie betrübt sie alle zu Hause gewesen waren, als er nicht zurückkam. Oh, das war eine Furcht und eine Freude.

Jetzt waren sie auf der Treppe; da brannte eine kleine Lampe auf einem Schrank; mitten auf dem Fußboden stand die zahme Krähe und drehte den Kopf nach allen Seiten und betrachtete Gerda, die sich verbeugte, wie sie es von der Großmutter gelernt hatte.

»Mein Verlobter hat so hübsch von Ihnen gesprochen, mein kleines Fräulein«, sagte die zahme Krähe, »ihre Vita, wie man so sagt, ist auch zu rührend! – Wollen Sie die Lampe nehmen, dann gehe ich voraus. Wir nehmen den direkten Weg hier, da begegnet uns nämlich niemand!«

»Mir ist, hier kommt jemand direkt hinter uns her!«, sagte Gerda, und es sauste an ihr vorüber; es ging wie Schatten über die Mauern hin, Pferde mit flatternden Mähnen und dünnen Beinen, Jägersburschen, Herren und Damen zu Pferd.

»Das sind nur die Träume!«, sagte die Krähe, »die kommen und holen die Gedanken der hohen Herrschaften zur Jagd, gut ist das, dann können Sie sie besser im Bett betrachten. Aber lassen Sie mich sehen, wenn Sie zu Ehren und Würden kommen, dass Sie da auch ein dankbares Herz zeigen!«

»Aber davon redet man doch nicht!«, sagte der Krähenmann aus dem Wald.

Nun kamen sie in den ersten Stock, der war aus rosenrotem Atlasstoff mit künstlichen Blumen an den Wänden; hier sausten schon die ersten Träume vorüber, aber die fuhren so hurtig dahin, dass Gerda die hohe Herrschaft nicht zu sehen bekam. Der eine Saal wurde prächtiger als der andere; ja das war wirklich verblüffend, und jetzt waren sie im Schlafzimmer. Die Decke hier drinnen glich einer großen Palme mit Blättern aus Glas, kostbarem Glas, und mitten über dem Boden hingen an einem dicken goldenen Stiel zwei Betten, die jedes wie Lilien aussahen: Das eine war weiß, darin lag die Prinzessin, das andere war rot, und das war dasjenige, in dem Gerda den kleinen Kay suchen sollte; sie beugte eines der roten Blätter beiseite und da sah sie einen braunen Nacken. – Oh, das war Kay! – Sie rief ganz laut seinen Namen, hielt die Lampe dicht über ihn – die Träume kamen zu Pferde wieder in die Stube gesaust – er wachte auf, drehte den Kopf und – – es war nicht der kleine Kay.

Der Prinz ähnelte ihm nur im Nacken, aber jung und schön war er. Und aus dem weißen Lilienbett blinzelte die Prinzessin herüber und fragte, was es da gäbe. Da weinte die kleine Gerda und erzählte ihr ihre Geschichte und alles, was die Krähen für sie getan hatten.

»Du kleines armes Ding!«, sagten der Prinz und die Prinzessin, und sie lobten die Krähen und sagten, dass sie überhaupt nicht böse auf sie wären, aber das sollte doch nicht noch öfter vorkommen. Allerdings sollten sie eine Belohnung erhalten.

»Wollt ihr frei herumfliegen?«, fragte die Prinzessin, »oder wollt ihr eine feste Stelle als Hofkrähen mit allem, was in der Küche abfällt?«

Und beide Krähen verbeugten sich und baten um die feste Stelle; denn sie dachten an ihr Alter und sagten, »es wäre so gut für den alten Mann«, wie man bei ihnen sagt.

Und der Prinz stand aus seinem Bett auf und ließ Gerda darin schlafen, und mehr konnte er nicht tun. Sie faltete ihre kleinen Hände und dachte: »Wie gut doch Menschen und Tiere sind«, und dann schloss sie ihre Augen und schlief einen so gesegneten Schlaf. Alle Träume kamen wieder hereingeflogen, und da sahen sie aus wie Gottes Engel, und sie zogen einen kleinen Schlitten, und auf dem saß Kay und nickte; aber das Ganze war nur Träumerei, und darum war es auch wieder verschwunden, sobald sie erwachte.

Am nächsten Tag wurde sie von Kopf bis Fuß in Samt und Seide eingekleidet; man bot ihr an, im Schloss zu bleiben und gute Tage zu haben, aber sie bat nur darum, einen kleinen Wagen mit einem Pferd davor zu bekommen und ein Paar kleine Stiefel, dann wollte sie wieder hinausfahren in die weite Welt und Kay finden.

Und sie bekam sowohl Stiefel als auch einen Muff; sie wurde so niedlich eingekleidet, und als sie aufbrechen wollte, hielt an der Tür eine neue Kutsche aus purem Gold; das Wappen von Prinz und Prinzessin leuchtete daraus hervor wie ein Stern; Kutscher, Diener und Vorreiter, denn da waren auch Vorreiter, saßen da und trugen Goldkronen. Der Prinz und die Prinzessin halfen ihr selbst in den Wagen und wünschten ihr alles Glück. Der Waldkrähenmann, der nun geheiratet hatte, begleitete sie die ersten drei Meilen; er saß neben ihr, denn er konnte es nicht ertragen, gegen die Fahrtrichtung zu sitzen; die Krähendame stand an der Pforte und schlug mit den Flügeln, sie kam nicht mit, denn sie litt an Kopfweh, seit sie die feste Stelle und zu viel zu essen hatte. Innen war die Kutsche mit Zuckerkringeln ausgekleidet, und auf dem Sitz lagen Früchte und Pfeffernüsse.

»Leb wohl! Leb wohl!«, riefen der Prinz und die Prinzessin, und die kleine Gerda weinte, und der Krähenmann weinte; – so ging es die ersten Meilen; da sagte auch der Krähenmann »Leb wohl«, und das war der schwerste Abschied; er flog in einen Baum hinauf und schlug mit seinen schwarzen Flügeln, solange er den Wagen sehen konnte, der leuchtete, als wäre es der klare Sonnenschein.

Fünfte Geschichte
Das kleine Räubermädchen

Sie fuhren durch den dunklen Wald, aber die Kutsche leuchtete wie ein loderndes Feuer, das stach den Räubern in die Augen, das konnten sie nicht aushalten.

»Das ist Gold! das ist Gold!«, riefen sie, stürzten hervor, ergriffen die Pferde, schlugen die kleinen Jockeys, den Kutscher und die Diener tot und zogen nun die kleine Gerda aus dem Wagen.

»Sie ist fett, sie ist niedlich, sie ist mit Nusskernen gemästet!«, sagte das alte Räuberweib, das einen langen, struppigen Bart hatte und Augenbrauen, die ihr über die Augen herunterhingen.

»Das ist so gut wie ein kleines Mastlamm! na, wie die schmecken wird!«, und dann zog sie ihr blankes Messer heraus, und das schimmerte so, dass es einen grauste.

»Au!«, sagte das Weib genau in diesem Moment, in dem sie ins Ohr gebissen wurde von ihrer eigenen kleinen Tochter, die ihr auf dem Rücken hing und so wild und ungezogen war, dass es eine Lust war. »Du grässliches Balg!«, sagte die Mutter und hatte gar keine Zeit mehr, Gerda zu schlachten.

»Sie soll mit mir spielen«, sagte das kleine Räubermädchen. »Sie soll mir ihren Muff geben, ihr schönes Kleid, bei mir in meinem Bett schlafen!«, und dann biss sie wieder zu, dass das Räuberweib in die Höhe sprang und sich drehte, und alle Räuber lachten und sagten: »Sieh wie sie tanzt mit ihrem Balg!«

»Ich will in die Kutsche!«, sagte das kleine Räubermädchen, und sie musste und würde ihren Willen bekommen, denn sie war so verwöhnt und so halsstarrig. Sie und Gerda setzten sich hinein, und dann fuhren sie über Stock und Stein tiefer in den Wald. Das kleine Räubermädchen war so groß wie Gerda, aber stärker, breitschultriger und von dunkler Haut; ihre Augen waren ganz schwarz, sie sahen fast betrübt aus. Sie umschlang die kleine Gerda und sagte: »Die sollen dich nicht schlachten, solange ich nicht böse auf dich werde! Du bist wohl eine Prinzessin?«

»Nein«, sagte die kleine Gerda und erzählte ihr alles, was sie erlebt hatte, und wie sehr sie den kleinen Kay lieb hatte.

Das Räubermädchen blickte sie ganz ernst an, nickte ein wenig mit dem Kopf und sagte: »Die sollen dich nicht schlachten, nicht einmal, wenn ich böse auf dich werde; dann werde ich es schon selber tun!«, und dann trocknete sie Gerdas Augen und schob dann ihre Hände in den schönen Muff, der war so weich und so warm.

Nun hielt die Kutsche an; sie waren mitten auf dem Hof eines Räuberschlosses; das war von oben bis unten zerrissen, Raben und Krähen kamen aus den offenen Löchern geflogen, und die großen Bullenbeißer, von denen jeder aussah, als könnte er einen Menschen verschlucken, sprangen hoch empor, aber sie bellten nicht, denn das war verboten.

In dem großen, alten, rußigen Saal brannte mitten auf dem steinernen Boden ein großes Feuer; der Rauch zog unter der Decke dahin und musste selbst sehen, wo es hinausging; in einem großen Braukessel kochte Suppe, und Hasen und Kaninchen wurden am Spieß gedreht.

»Du sollst heute Nacht mit mir hier schlafen, bei all meinen kleinen Tierchen!«, sagte das Räubermädchen. Sie kriegten zu essen und zu trinken und gingen dann in eine Ecke, wo Stroh und Decken lagen. Darüber saßen auf Latten und Stangen fast hundert Tauben, die alle aussahen, als ob sie schliefen, sich aber doch ein bisschen drehten, als die kleinen Mädchen kamen.

»Das sind alles meine!«, sagte das kleine Räubermädchen und packte rasch eine der nächsten, hielt sie an den Beinen und schüttelte sie, dass sie mit den Flügeln schlug. »Küss sie!«, schrie sie und klatschte sie Gerda mitten ins Gesicht. »Da sitzen die Wald-Kanaillen!«, setzte sie fort und wies hinter eine Reihe von Gitterstäben, die vor ein Loch hoch oben in der Mauer geschlagen waren. »Das sind Wald-Kanaillen, die beiden! die fliegen sofort weg, wenn man sie nicht richtig eingesperrt hat; und hier steht Bäh, mein alter Liebster!«, und sie zog ein Rentier an den Hörnern, das einen blanken Kupferring um den Hals trug und gefesselt war. »Ihn müssen wir genauso an der kurzen Leine halten, sonst springt er uns auch davon. Jeden Abend, immer wieder, kitzle ich ihn am Hals mit meinem scharfen Messer, davor ist er so bange!«, und das kleine Mädchen zog ein langes Messer aus einem Spalt in der Mauer und ließ es über den Hals des Rentiers gleiten; das arme Tier schlug mit den Beinen aus, und das Räubermädchen lachte und zog Gerda mit sich herunter ins Bett.

»Willst du das Messer dabeihaben, wenn du schlafen sollst?«, fragte Gerda und blickte es etwas bang an.

»Ich schlafe immer mit einem Messer!«, sagte das kleine Räubermädchen. »Man weiß nie, was noch kommen kann. Aber erzähl mir jetzt nochmal, was du vorhin vom kleinen Kay erzählt hast und warum du in die weite Welt hinausgegangen bist.« Und Gerda erzählte von vorn, und die Waldtauben gurrten da oben in ihrem Käfig, die anderen Tauben schliefen. Das kleine Räubermädchen legte ihren Arm um Gerdas Hals, hielt das Messer in der anderen Hand und schlief, dass man es hören konnte; aber Gerda bekam überhaupt kein Auge zu, sie wusste nicht, ob sie leben oder sterben sollte. Die Räuber saßen rund ums Feuer, sangen und tranken, und das Räuberweib schlug Purzelbäume. Oh! das war ganz grausig anzusehen für das kleine Mädchen.

Da sagten die Waldtauben: »Gurre, gurre! wir haben den kleinen Kay gesehen. Ein weißes Huhn zog seinen Schlitten, er saß im Wagen der Schneekönigin, der fuhr niedrig über den Wald dahin, als wir im Nest lagen; sie blies uns Küken an, und alle sind gestorben bis auf uns beide; gurre! gurre!«

»Was sagt ihr da oben?«, rief die kleine Gerda, »wo ist die Schneekönigin hingereist? Wisst ihr etwas darüber?«

»Sie ist bestimmt nach Lappland gereist, denn da ist immer Eis und Schnee! frag nur das Rentier, das da am Strick gebunden steht!«

»Da sind Eis und Schnee, das ist gesegnet und gut!«, sagte das Rentier; »da springt man frei herum in den großen schimmernden Tälern! da hat die Schneekönigin ihr Sommerzelt, aber ihr festes Schloss ist oben zum Nordpol hin, auf der Insel, die Spitzbergen genannt wird!«

»O Kay, kleiner Kay!«, seufzte Gerda.

»Nun musst du aber still liegen!«, sagte das Räubermädchen, »sonst kriegst du das Messer in den Bauch!«

Am Morgen erzählte Gerda ihr alles, was die Waldtauben gesagt hatten, und das kleine Räubermädchen sah ganz ernst aus, aber sie nickte mit dem Kopf und sagte: »Das ist ja ganz gleich! das ist ja ganz gleich. – Weißt du, wo Lappland ist?«, fragte sie das Rentier.

»Wer sollte das besser wissen als ich«, sagte das Tier, und die Augen funkelten ihm im Kopf. »Da bin ich geboren und gesäugt worden, da bin ich übers Schneefeld gesprungen!«

»Hör zu!«, sagte das Räubermädchen zu Gerda, »du siehst, alle unsere Mannsleute sind weg, aber Mütterchen ist noch hier, und sie bleibt da, aber gegen Morgen trinkt sie aus der großen Flasche und gönnt sich dann ein kleines Nickerchen; – dann werde ich etwas für dich tun!« Jetzt sprang sie aus dem Bett, fuhr der Mutter um den Hals, zog sie am Schnurrbart und sagte: »Na mein süßer kleiner Ziegenbock, guten Morgen!« Und die Mutter stupste ihr an die Nase, dass sie rot und blau wurde, aber das war alles nur aus reiner Liebe.

Als dann die Mutter aus der Flasche getrunken hatte und sich ein kleines Nickerchen gönnte, ging das Räubermädchen zum Rentier und sagte: »Ich hätte eine sonderbare Lust, dich noch viele Male mit dem scharfen Messer zu kitzeln, denn dann wirst du so lustig, aber das ist jetzt ganz gleich, ich will deine Fessel lösen und dir nach draußen helfen, dass du nach Lappland laufen kannst, aber du sollst die Beine unter den Arm nehmen und mir dieses kleine Mädchen hier zum Schloss der Schneekönigin bringen, wo ihr kleiner Spielbruder ist. Du hast ja gehört, was sie erzählte, denn sie hat laut genug gesprochen, und du horchst doch!«

Das Rentier machte einen Luftsprung vor Freude. Das Räubermädchen hob die kleine Gerda empor und war so vorsichtig, sie festzubinden, ja ihr sogar ein kleines Kissen zu geben, auf dem sie sitzen konnte. »Das ist jetzt ganz gleich«, sagte sie, »da hast du deine zottigen Stiefel, es wird nämlich kalt, aber den Muff behalte ich, der ist doch zu niedlich! Du sollst aber trotzdem nicht frieren. Hier hast du Mutters dicke Fausthandschuhe, die gehen dir bis zum Ellenbogen, steck nur die Arme hinein! – Jetzt siehst du an den Händen aus wie meine widerliche Mutter!«

Und Gerda weinte vor Freude.

»Ich kann es nicht leiden, wenn du heulst!«, sagte das kleine Räubermädchen. »Nun sollst du ganz vergnügt aussehen! und da hast du zwei Brote und einen Schinken, dann musst du nicht hungern.« Beides wurde hinten auf das Rentier gebunden; das kleine Räubermädchen öffnete die Tür, lockte alle die großen Hunde herein, und dann schnitt sie den Strick entzwei mit ihrem Messer und sagte zum Rentier: »Und nun lauf! aber pass gut auf das kleine Mädchen auf!«

Und Gerda streckte die Hände, in den dicken Fausthandschuhen, dem Räubermädchen entgegen und sagte Lebewohl, und dann flog das Rentier davon über Busch und Strauch, durch den großen Wald, über Moore und Steppen, so rasch es konnte. Die Wölfe heulten, und die Raben schrien. »Piff! piff!«, sagte es am Himmel. Es war, als hätte er rotes Blut geniest.

»Das sind meine alten Nordlichter!«, sagte das Rentier, »sieh, wie sie leuchten«, und dann lief es noch schneller davon, Nacht und Tag; die Brote wurden aufgegessen, und der Schinken dazu, und dann waren sie in Lappland.

Sechste Geschichte
Die Lappenfrau und die Finnenfrau

Sie hielten an einem kleinen Haus; das war so kümmerlich; das Dach ging bis zur Erde, und die Tür war so niedrig, dass die ganze Familie auf dem Bauch kriechen musste, wenn sie heraus- oder hineinwollten. Es war niemand zu Hause außer einer alten Lappenfrau, die bei einer Tranlampe Fisch briet; und das Rentier erzählte Gerdas ganze Geschichte, aber seine eigene zuerst, denn es meinte, die sei noch viel wichtiger, und Gerda war so erschöpft vor Kälte, dass sie nicht reden konnte.

»Ach, ihr Ärmsten!«, sagte die Lappenfrau, »da habt ihr noch weit zu laufen! Ihr müsst über hundert Meilen in die Finnmark hinein, denn dahin hat sich die Schneekönigin aufs Land zurückgezogen und zündet jeden Abend wieder ihr blaues Licht an. Ich will euch ein paar Zeilen auf einen gedörrten Klippfisch schreiben, Papier habe ich nicht, den will ich euch mitgeben für die Finnenfrau da oben, die kann euch besser Bescheid geben als ich!«

Und als Gerda sich wieder aufgewärmt und zu essen und zu trinken bekommen hatte, schrieb die Lappenfrau ein paar Zeilen auf einen gedörrten Klippfisch, bat Gerda, gut auf den Acht zu geben, band sie wieder auf dem Rentier fest, und das sprang davon. »Piff! piff!«, sagte es oben in der Luft, die ganze Nacht hindurch brannten die herrlichsten blauen Nordlichter; – und dann kamen sie zur Finnmark und klopften am Schornstein der Finnenfrau an, denn sie hatte nicht mal eine Tür.

Da drinnen war eine solche Hitze, dass die Finnenfrau selbst fast nackt herumlief; klein war sie und ganz verdreckt; sie band der kleinen Gerda gleich die Kleider auf, nahm ihr die Fausthandschuhe und die Stiefel ab, weil es ihr sonst zu heiß geworden wäre, legte dem Rentier ein Stück Eis auf den Kopf und las dann, was auf dem Klippfisch stand; sie las es dreimal, dann konnte sie es auswendig und steckte den Fisch in den Essenstopf, denn den konnte man noch gut essen, und sie ließ nie etwas verkommen.

Nun erzählte das Rentier zuerst seine Geschichte und dann die der kleinen Gerda, und die Finnenfrau zwinkerte mit den klugen Augen, sagte aber nichts.

»Du bist so klug«, sagte das Rentier; »ich weiß, du kannst alle Winde auf der Welt in einen Nähfaden binden; wenn der Seemann den ersten Knoten löst, bekommt er guten Wind, löst er den anderen, dann bläst eine steife Brise, und löst er den dritten und den vierten, dann stürmt es, dass die Wälder umfallen. Willst du nicht dem Mädchen einen Trank geben, dass sie so stark wird wie zwölf Mann und die Schneekönigin überwinden kann?«

»Stark wie zwölf Mann!«, sagte die Finnenfrau; »o ja, das wird wohl reichen!«, und dann ging sie zu einem Wandbrett hinüber, nahm eine große aufgerollte Lederhaut herunter, und die rollte sie auseinander; es standen wunderliche Buchstaben darauf, und die Finnenfrau las, bis ihr das Wasser die Stirn herunterlief.

Aber das Rentier bat wieder so inständig für die kleine Gerda, und Gerda sah mit so bittenden Augen, voller Tränen, die Finnenfrau an, dass diese wieder mit ihren zu zwinkern begann und das Rentier in eine Ecke zog, wo sie ihm zuflüsterte, während es frisches Eis auf den Kopf bekam:

»Der kleine Kay ist zwar bei der Schneekönigin und findet dort alles nach seinen Wünschen und Gedanken und meint, es sei der beste Teil der Welt, aber das kommt daher, dass er einen Glassplitter ins Herz bekommen hat und ein kleines Glaskörnchen ins Auge; die müssen zuerst heraus, sonst wird er nie zum Menschen, und die Schneekönigin behält die Macht über ihn!«

»Aber kannst du nicht der kleinen Gerda etwas eingeben, dass sie Macht über das Ganze bekommt?«

»Ich kann ihr keine größere Macht geben als die, die sie jetzt schon hat! siehst du nicht, wie groß die ist? Siehst du nicht, wie Menschen und Tiere ihr dienen müssen, wie sie auf bloßen Füßen so gut in der Welt vorangekommen ist? Sie darf von uns nichts über ihre Macht wissen, die sitzt ihr im Herzen, die sitzt darin, dass sie ein süßes unschuldiges Kind ist. Wenn sie nicht selber zur Schneekönigin hineinkommen und das Glas aus dem kleinen Kay herausbekommen kann, dann können wir auch nicht helfen! Zwei Meilen von hier beginnt der Schlossgarten der Schneekönigin, dahin kannst du das kleine Mädchen tragen; setz sie an dem großen Busch ab, der mit seinen roten Beeren im Schnee steht, halt dich nicht lange mit Papperlapapp auf und sieh zu, dass du schnell zurück bist!« Und dann hob die Finnenfrau die kleine Gerda auf das Rentier, das lief, so schnell es konnte.

»Oh, ich hab meine Stiefel nicht mit! ich hab meine Fausthandschuhe nicht mit!«, rief die kleine Gerda, das spürte sie in der schneidenden Kälte, aber das Rentier durfte nicht stehen bleiben, es lief, bis es zu dem großen Busch mit den roten Beeren kam; da setzte es Gerda ab, küsste sie auf den Mund, und da liefen dem Tier große, blanke Tränen über die Wangen, und dann lief es, so schnell es konnte, wieder zurück. Da stand die kleine Gerda ohne Stiefel, ohne Handschuhe, mitten in der furchtbaren eiskalten Finnmark.

Sie lief voran, so schnell sie konnte; da kam ein ganzes Regiment von Schneeflocken; aber die fielen nicht vom Himmel, der war ganz klar und leuchtete vom Nordlicht; die Schneeflocken liefen zu ebener Erde dahin, und je näher sie kamen, umso größer wurden sie; Gerda erinnerte sich wieder, wie groß und kunstvoll sie ausgesehen hatten, damals, als sie die Schneeflocken durch das Brennglas betrachtet hatte, aber hier waren sie wirklich auf ganz andere Weise groß und furchtbar, die waren lebendig, das waren die Vorposten der Schneekönigin; sie hatten die wunderlichsten Gestalten; manche sahen aus wie ekelhafte große Igel, andere wie ineinander verknäuelte Schlangen, die ihre Köpfe hervorstreckten, und andere wie kleine dicke Bären mit gesträubten Haaren, alle leuchteten weiß, alle waren sie lebendige Schneeflocken.

Da betete die kleine Gerda ihr Vaterunser, und die Kälte war so stark, dass sie ihren eigenen Atem sehen konnte; ganz wie ein Rauch stand er ihr aus dem Mund; der Atem wurde dichter und dichter und er formte sich zu kleinen hellen Engeln, die mehr und mehr wuchsen, sobald sie die Erde berührten; und alle hatten sie Helme auf dem Kopf und Speere und Schilde in den Händen; sie wurden mehr und mehr, und als Gerda ihr Vaterunser beendet hatte, war da eine ganze Legion um sie her; die hieben mit ihren Speeren in die großen Schneeflocken, dass sie in hundert Stücke zersprangen, und die kleine Gerda ging ganz sicher und keck geradeaus. Die Engel tippten ihr auf die Füße und auf die Hände, und da empfand sie weniger, wie kalt es war, und ging rasch voran zum Schloss der Schneekönigin.

Aber nun wollen wir zuerst sehen, wie es Kay ergeht. Er dachte ganz gewiss nicht an die kleine Gerda, und am allerwenigsten dachte er, dass sie draußen vor dem Schloss stand.

Siebente Geschichte
Was sich im Schloss der Schneekönigin zutrug und was seither geschah

Die Wände des Schlosses waren aus stiebendem Schnee und die Fenster und Türen aus den schneidenden Winden; da waren über hundert Säle, je nachdem, wie der Schnee stob, der größte dehnte sich über viele Meilen, alle beleuchtet vom starken Nordlicht, und die waren so groß, so leer, so eisig kalt und so glänzend. Niemals gab es hier das kleinste Vergnügen, nicht einmal einen kleinen Bären-Ball, wo der Sturm zum Tanz aufblasen und die Eisbären auf den Hinterbeinen gehen und feine Manieren haben konnten; niemals eine kleine Spielgesellschaft mit Maulschellen und Lappentanz; niemals auch nur ein kleines bisschen Kaffeeklatsch der weißen Fuchs-Fräuleins; leer, groß und kalt war es in den Sälen der Schneekönigin. Die Nordlichter flackerten so genau auf, dass man mitzählen konnte, wann sie am höchsten und wann am niedrigsten Punkt angelangt waren. Mitten in dem leeren unendlichen Schneesaal gab es einen gefrorenen See; der war in tausende Stücke zersplittert, aber jedes Stück glich so akkurat dem anderen, dass es ein vollkommenes Kunststück war; und mitten darauf saß die Schneekönigin, wenn sie zu Hause war, und dann sagte sie, dass sie im Spiegel des Verstandes sitze und dass dies das Einzige und das Beste in dieser Welt sei.

Der kleine Kay war ganz blau vor Kälte, ja fast schwarz, aber er spürte es doch nicht, denn sie hatte ihm ja den Kälteschauder weggeküsst, und sein Herz war so gut wie ein Eisklumpen. Er ging umher und schleppte einige scharfe flache Eisstücke, die er auf alle möglichen Weisen zusammenlegte, denn er wollte etwas aus ihnen herausbekommen; es war so, wie wenn wir anderen kleine Holzplatten haben und diese zu Figuren legen, die man das chinesische Spiel nennt. Kay ging auch hin und legte Figuren, die allerkunstvollsten, das war das Eisspiel des Verstandes, in seinen Augen waren die Figuren ganz vorzüglich und von der allerhöchsten Wichtigkeit; das machte das Glaskörnchen, das ihm im Auge saß! er legte ganze Figuren, die ein geschriebenes Wort waren, aber niemals wollte ihm das Wort gelingen, auf das es ihm gerade ankam, das Wort: *Ewigkeit*, und die Schneekönigin hatte gesagt: »Wenn du mir diese Figur herausbekommst, dann sollst du dein eigener Herr sein, und ich schenke dir die ganze Welt und ein Paar neuer Schlittschuhe!« Aber er konnte nicht.

»Jetzt sause ich in die warmen Länder!«, sagte die Schneekönigin, »ich will einen Blick in die schwarzen Kessel werfen!« – Das waren die feuerspeienden Berge, der Ätna und der Vesuv, wie man sie nennt. – »Ich werde sie etwas einweißen, das gehört dazu! das tut gut, wenn es sich auf die Zitronen und Weintrauben legt!«, und dann flog die Schneekönigin, und Kay saß ganz allein in dem viele Meilen großen leeren Eissaal und sah auf die Eisstücke und dachte und dachte, dass es in ihm knackte, ganz steif und stille saß er, man hätte glauben können, er sei erfroren.

Da geschah es, dass die kleine Gerda ins Schloss eintrat, durch das große Tor, das waren schneidende Winde; aber sie sprach ein Abendgebet, und da legten die Winde sich, als wollten sie schlafen, und sie trat ein in die großen, leeren, kalten Säle – da sah sie Kay, sie erkannte ihn, sie flog ihm um den Hals, hielt ihn so fest und rief: »Kay! süßer kleiner Kay! so hab ich dich doch gefunden!«

Aber er saß ganz still da, steif und kalt; – da weinte die kleine Gerda heiße Tränen, die fielen auf seine Brust, die drangen in sein Herz ein, die tauten den Eisklumpen auf und verzehrten den kleinen Spiegelsplitter; er sah sie an und sie sang das Kirchenlied:

»Im Tal die Rosen blühen fort und fort,
Da kommt zu uns vom Jesuskind das Wort!«

Da brach Kay in Tränen aus; er weinte, dass das Spiegelkörnchen aus seinem Auge kullerte, er erkannte sie und jubelte: »Gerda! süße kleine Gerda! – wo bist du denn so lange gewesen? Und wo bin ich gewesen?« Und er sah sich rings um. »Wie ist es hier kalt! wie ist es leer und groß!«, und er hielt sich an Gerda fest, und sie lachte und weinte vor Freude; das war so gesegnet, dass selbst die Eisstücke vor Freude ringsherum tanzten, und als sie müde waren und sich niederlegten, da formten sie ebenjene Buchstaben, von denen die Schneekönigin gesagt hatte, dass er sie herausbekommen sollte, dann wäre er sein eigener Herr, und sie wolle ihm die ganze Welt geben und ein Paar neuer Schlittschuhe.

Und Gerda küsste seine Wangen, und sie erblühten; sie küsste seine Augen, und sie leuchteten wie ihre, sie küsste seine Hände und Füße, und er war gesund und frisch. Sollte die Schneekönigin doch nach Hause kommen: Sein Freibrief stand da geschrieben mit schimmernden Eisstücken.

Und sie fassten einander bei der Hand und wanderten aus dem großen Schloss hinaus; sie sprachen von Großmutter und von den Rosen oben auf dem Dach; und wo sie gingen, lagen die Winde ganz still und die Sonne brach hervor; und als sie zu dem Busch mit den roten Beeren kamen, stand da das Rentier und wartete; das hatte ein anderes junges Ren bei sich, dessen Euter gefüllt war, und das gab den Kleinen seine warme Milch und küsste sie auf den Mund. Dann trugen sie Kay und Gerda zuerst zur Finnenfrau, wo sie sich in der heißen Stube aufwärmten und Bescheid für die Heimreise bekamen, dann zur Lappenfrau, die ihnen neue Kleider genäht und ihren Schlitten instandgesetzt hatte.

Und das Rentier und das junge Ren sprangen an ihrer Seite einher und begleiteten sie, geradewegs bis zur Landesgrenze, da lugte das erste Grün hervor, da nahmen sie Abschied vom Rentier und von der Lappenfrau. »Lebe wohl!«, sagten sie allesamt. Und die ersten kleinen Vögel begannen zu zwitschern, der Wald hatte grüne Knospen, und heraus aus ihm kam auf einem prächtigen Pferd, das Gerda erkannte (es war vor die Goldkutsche gespannt gewesen), ein junges Mädchen geritten, mit leuchtend roter Kopfhaube und Pistolen vor sich; das war das kleine Räubermädchen, das es leid war, zu Hause zu bleiben, und nun zuerst Richtung Norden und dann in eine andere Gegend wollte, falls sie nicht recht vergnügt sein sollte. Sie erkannte gleich Gerda, und Gerda erkannte sie, das war eine Freude.

»Du bist ja ein feiner Knabe, so in der Welt herumzustiefeln!«, sagte sie zum kleinen Kay; »ich möchte wissen, ob du es verdienst, dass man deinetwegen bis ans Ende der Welt läuft!«

Aber Gerda streichelte ihre Wangen und fragte nach Prinz und Prinzessin.

»Die sind in fremde Länder gereist!«, sagte das Räubermädchen.

»Aber die Krähe?«, fragte die kleine Gerda.

»Ja die Krähe ist tot!«, antwortete sie. »Die zahme Geliebte ist Witwe geworden und trägt einen schwarzen Wollflicken am Bein; sie klagt jämmerlich, und das Ganze ist närrisch! – Aber jetzt erzähl mir, wie es dir ergangen ist, und wie du ihn hier zu fassen gekriegt hast!«

Und Gerda und Kay erzählten alle beide.

»Und Schnipp-schnapp-schnurre-basselurre!«, sagte das Räubermädchen, nahm sie beide bei der Hand und versprach, dass sie, wenn sie einmal durch ihre Stadt käme, kommen und sie besuchen wollte, und dann ritt sie hinaus in die weite Welt, aber Kay und Gerda gingen Hand in Hand, und wie sie gingen, war es ein wunderbarer Frühling mit Blumen und Grün; die Kirchenglocken klangen, und sie erkannten die hohen Türme, die große Stadt, das war die, in der sie wohnten, und in die gingen sie hinein und bis zu Großmutters Tür, die Treppe hinauf, in die Stube hinein, wo alles noch am selben Platz stand wie zuvor, und die Uhr sagte: »tick! tick!«, und der Zeiger drehte sich; aber indem sie durch die Tür gingen, merkten sie, dass sie erwachsene Menschen geworden waren. Die Rosen aus der Dachrinne blühten zu den offenen Fenstern herein, und da standen die kleinen Kinderstühlchen, und Kay und Gerda setzten sich jeweils auf ihres und hielten einander bei der Hand, wie einen schweren Traum hatten sie die kalte leere Herrlichkeit bei der Schneekönigin vergessen. Großmutter saß in Gottes hellem Sonnenschein und las laut aus der Bibel vor: »Wenn ihr nicht werdet wie die Kinder, kommt ihr nicht in Gottes Reich!«

Und Kay und Gerda sahen einander in die Augen, und da verstanden sie auf einmal das alte Kirchenlied:

»Im Tal die Rosen blühen fort und fort,
Da kommt zu uns vom Jesuskind das Wort!«

Da saßen die beiden, zwei Erwachsene und doch Kinder, Kinder im Herzen, und es war Sommer, der warme, gesegnete Sommer.

Aus dem Dänischen übersetzt von Heinrich Detering

Lippo und Tapio

Lippo, der flinke Mann, der Jäger, begab sich eines Tages mit zwei Gefährten auf die Rentierjagd. Einen ganzen Tag wanderten sie im Walde umher, da brach die Nacht herein, und sie suchten in einer Reisighütte Schutz gegen die Finsternis und die Kälte. Sie brachten die Nacht in der Hütte zu, und als der Tag zu dämmern begann, glitten die drei Männer auf ihren Schneeschuhen weiter; bevor sie die Hütte verließen, schlug Lippo seine Schneeschuhe aneinander und sagte: »Heute muss mir der Tag Beute bringen; ein Stück dem einen Schneeschuh, ein Stück dem andern, ein drittes meinem Stabe.« Die Männer hatten sich kaum in Bewegung gesetzt, als sie auch drei Rentierspuren fanden; sie folgten ihnen und erblickten bald die drei Rentiere: zwei nebeneinander, das dritte etwas weiter ab von den andern. Da sagte Lippo zu den Gefährten: »Ihr mögt die beiden Tiere verfolgen, das sei eure Beute; ich will dem einzelnen nachjagen.« Mit diesen Worten glitt er auf dem Schnee dahin, den ganzen Tag, bis ihn die Nacht überraschte; aber das Rentier holte er nicht ein, obgleich er der schnellste Schneeschuhläufer war. Da kam er im Walde an ein Gehöft; das Rentier flüchtete sich in den Stall auf dem Hofe, und Lippo eilte ihm nach. Auf dem Hofe stand der Herr des Hauses, ein ehrwürdiger Greis, Haupt und Kinn mit grauem Tannenmoos bewachsen. »Oho!«, sagte er, »welcher Krötensohn hat meinen Hengst heute in Schweiß gejagt?« – Lippo trat vor, begrüßte den Greis und sagte: »Ich habe es getan, konnte ihn aber nicht einfangen, und bin so in diesen Hof geraten.« – Der Greis, welcher Tapio selber war, sagte darauf: »Nun, wenn du bis zum Abenddunkel meinen Hengst gejagt hast, so magst du zur Nacht in meiner Stube bleiben.« Lippo trat in die Stube des Tapio ein und schaute sich darin verwundert um: Hier waren Rentiere und Hirsche, dort Bären, Füchse,

Wölfe und alle nur erdenklichen Tiere des Waldes. Tapio setzte ihm ein Abendessen vor und bewirtete ihn gut. Am folgenden Morgen wollte Lippo seine Fahrt fortsetzen, aber er konnte seine Schneeschuhe nicht finden. Er fragte den Tapio danach, doch dieser sagte: »Willst du nicht als Schwiegersohn bei mir bleiben? Ich habe eine einzige Tochter.« Lippo antwortete: »Gern bliebe ich, aber ich bin ein ganz armer Mann.« – »Das lass meine Sorge sein!«, rief Tapio, »Armut ist kein Fehler, und bei uns sollst du haben, wonach dein Sinn gelüstet.« Er gab dem Lippo seine Tochter, und der flinke Schneeschuhläufer und Jäger blieb als Schwiegersohn in der Waldhütte des Tapio.

Drei Jahre waren vergangen, seitdem er zu Tapio gekommen, da gebar ihm Tapios Tochter einen Sohn. Nun gedachte Lippo seine Heimat zu besuchen und bat Tapio, ihn dorthin zu führen. Tapio sagte: »Wenn du mir Schneeschuhe nach meinem Sinn verfertigst, lasse ich dich ziehen.« Lippo eilte in den Wald und begann Schneeschuhe zu schnitzen. Über ihm saß eine Meise auf einem Baumzweige und sang:

»Tii, tii, ich kleine Meise
Lehre dich die rechte Weise:
Nach unten tu ein Zweiglein spitz,
Ans Ende vorn des Fußes Sitz!«

Lippo warf ein Holzstückchen nach dem Vogel und sagte: »Was pfeifst du da, du dummes Tierchen?« Er machte seine Schneeschuhe fertig, verzierte sie, so schön er's verstand, und brachte sie dem Tapio. Tapio versuchte sie, sagte aber alsbald: »Diese Schneeschuhe sind nichts für mich!« – Am folgenden Tage musste Lippo aufs Neue hinaus in den Wald an die Arbeit. Wieder saß die Meise da und sang:

»Tii, tii, ich kleine Meise
Lehre dich die rechte Weise:

Nach unten tu ein Zweiglein spitz,
Ans Ende vorn des Fußes Sitz!«

»Bist du schon wieder da mit deinem Geschwätz?«, rief Lippo zornig und warf ein Holzstückchen nach dem Vögelchen. Er dachte nicht daran, den Rat der Meise zu befolgen, sondern schnitzte die Schneeschuhe nach alter Art und brachte sie dem Tapio. »Das sind nicht meine Schneeschuhe«, sagte Tapio wieder. Nun, als Lippo am dritten Tage in den Wald ging und die Meise wieder ihr Liedlein sang:

»Tii, tii, ich kleine Meise
Lehre dich die rechte Weise:
Nach unten tu ein Zweiglein spitz,
Ans Ende vorn des Fußes Sitz!«

da dachte Lippo: »Gut, ich tue, wie du mich heißest; umsonst wirst du wohl nicht singen.« Er nahm einen recht ästigen Zweig und befestigte ihn an der schmalen Rinne unter dem Schneeschuh, und an dem oberen Ende desselben brachte er den Fußriemen an; dann zeigte er dem Tapio die Schneeschuhe. »Siehe, das sind ja meine Schneeschuhe«, sagte Tapio, als er sie versuchte. »Jetzt darfst du heimwärts ziehen.« Er gab Lippo das Geleite und sagte: »Ich will vor euch hingleiten, und ihr sollt meinen Spuren folgen; wo ihr einen Abdruck meiner Stabspitze findet, da sollt ihr zur Nacht bleiben; aber baue deine Schlafhütte recht dicht aus Tannenzweigen, dass nicht des Himmels Gestirne durchzuscheinen vermögen.« Mit diesen Worten glitt Tapio vor ihnen dahin; die Zweige unter seinen Schneeschuhen bezeichneten seine Spur, so dass Lippo mit Weib und Kind ihr folgen konnte. Erst gegen Abend sahen sie den Abdruck des Stabes, und daneben einen gebratenen Hirsch zum Abendessen. Sie bauten sich eine dichte Hütte aus Tannenzweigen, bedeckten sie mit einem sehr festen Dach und zogen den kleinen Schlitten mit dem Kinde hinein; dann legten sie sich zur Ruhe. Am andern Morgen setzten sie die Fahrt fort und nahmen ein Stück von dem Hirschbraten mit auf den Weg. Gegen Abend fanden sie wieder die Spur des Stabes und ein gebratenes Rentier daneben. Wieder bauten sie eine sehr dichte Hütte aus Tannenzweigen und zogen den Schlitten mit dem Kinde hinein. Nachdem sie die Nacht geruht, ging es am Morgen weiter, bis sie am Abend den dritten Abdruck des Stabes fanden; diesmal lag ein gebratener Auerhahn zum Abendessen da. »Siehe da! Nun kann die Heimat nicht mehr fern sein, da man uns nur einen Auerhahn bietet!«, rief Lippo aus. Die Hütte bauten sie nur ganz durchsichtig und zogen den Schlitten mit dem Kinde hinein, dann legten sie sich zur Ruhe nieder. In der Nacht verzogen sich die Wolken, und die Sterne am Himmel schauten hell durch das Reisig auf die Schläfer herab, da die Hütte so wenig dicht gebaut war. Als Lippo am Morgen erwachte, war sein Weib nirgends zu finden; er trat hinaus vor die Hütte, schaute umher, aber die Spur von Tapios Schneeschuhen war nicht mehr zu sehen. Lippo wusste nicht wo aus, wo ein, da er keine Spur fand; er setzte sich mit seinem Kinde vor die Tür seiner Hütte und schaute vor sich hin; da lief ein Hirsch an ihnen vorüber und blökte. Sonst war weit und breit nichts zu sehen, der Abend brach herein, und Lippo blieb nichts übrig als dort die Nacht zuzubringen. Am Morgen lag wieder ein gebratener Auerhahn vor der Tür, und der Hirsch lief blökend vorüber. – Viele Jahre verbrachte Lippo mit seinem Kinde in derselben Hütte aus Tannenzweigen; jeden Morgen lag für sie ein gebratener Auerhahn vor der Tür, und jeden Tag lief ihnen der Hirsch vorüber. Der Knabe wuchs heran zu einem klugen, verständigen Jüngling; er bat einst den Vater, ihm ein langes Rohr zu verfertigen, damit sie hinausschauen könnten, ob die Heimat noch fern sei. In seinen Mußestunden machte Lippo das Rohr und gab es seinem Sohne. Dieser schaute aus und rief alsbald: »Die Heimat ist ja nicht mehr fern, wir sind dicht am eignen Feldgrund!« Und richtig, als die beiden hinausgingen, waren sie alsbald in der Heimat. Der Jüngling aber ward der Stammvater der Lappen. Damit ist die Geschichte aus.

Aus dem Finnischen übersetzt von Emmy Schreck

Levi Henriksen

Die Reisen, auf die man geht

Mama hatte immer gehofft, dass ich Pastor werden würde. Mein Vater hatte immer behauptet, dass ich es nicht besonders weit bringen würde. In gewisser Hinsicht sollten sie beide Recht behalten. Die letzte Ziffer in meiner Postleitzahl hat sich in meinem Leben nur zwei oder dreimal geändert, denn es ist nicht so, dass die Reisen, auf die man geht, immer die sind, die man sich vorgestellt hat oder die man gebraucht hätte. Mein Beruf ist auch nicht durch viel Bewegung geprägt, eher durch Stehen als durch Gehen. Und durch Warten, denn ich mache nicht gern Terminabsprachen. Das wird so vorhersagbar. Der Alltag ist das, was du daraus machst, das schon, aber es bringt jedenfalls ein gewisses Spannungsmoment, dass ich nie weiß, wer auftauchen wird.

Ich kokettiere gern damit, dass ich das älteste Gewerbe der Welt betreibe, obwohl einer meiner festen Kunden mir da gern widerspricht. »Erstes Buch Mose, 1,3: Es werde Licht«, sagt er immer. »Es ist doch klar, dass die Elektriker das älteste Gewerbe der Welt haben.« Meistens sagte ich dann ja und amen, obwohl ich weiß, dass Mama jetzt ein Kreuz schlagen und diese Behauptung für gotteslästerlich halten würde. Ich bin aber überzeugt davon, dass Gott Sinn für Humor hat, oder vielleicht interessiert ihn unser Gerede auch nicht so sehr, wie wir gern glauben. Ich meine, seht euch doch bloß den Mann an, den die Amerikaner zum Präsidenten gewählt haben! Es ist schwer, darin auch nur die geringste Spur vom Finger Gottes zu finden, jedenfalls würde das ebenso für Humor sprechen wie für Gleichgültigkeit. So oder so ist Donald Trump ein Mann, der garantiert meine Dienste in Anspruch nehmen würde, wenn er sich in Kongsvinger niederließe.

Meine Schwestern haben meinen Beruf immer ein bisschen verachtet. Die Älteste ist Rechtsanwältin in Oslo, die andere Psychologin auf Bømlo. Das sind natürlich respektable Berufe, unbedingt, aber ich habe den Snobismus der beiden satt. Nicht dein Beruf definiert dich als Mensch. Beide Schwestern waren zudem zweimal verheiratet, und in meiner Buchführung bringt das nicht gerade Pluspunkte. Ich war nie verheiratet, aber wenn ich geheiratet hätte, dann bin ich sicher, es hätte bis zum Ende meines Lebens gehalten. Im entgegengesetzten Fall kann ich versprechen, dass ich meinen Beruf und die Arbeitsbelastung nicht als Entschuldigung für mein Misslingen benutzt hätte, wie meine Schwestern das tun. Dass ich keine Familie gegründet habe, hat es mir zudem erlaubt, mich um Mama zu kümmern, während meine Schwestern sich auf ihre Karriere konzentriert haben. Übrigens, ich habe ja erwähnt, dass Mama mich gern als Pastor gesehen hätte: Auch wenn ich nicht gerade als Geistlicher tätig bin, so werde ich doch manchmal als Beichtstuhl benutzt. Meine Kunden teilen nicht nur Belanglosigkeiten mit mir; ich habe gesehen, wie Menschen fast zusammengebrochen sind, um beim nächsten Atemzug dann aufzuerstehen. Was sie wieder auf die Beine bringt, ist, an den richtigen Stellen zu nicken und die richtigen Wörter zu wiederholen. Nicht, was du sagst, sondern wie du es sagst, ist wichtig, wenn sie ihr Herz ausschütten. Bürgermeister, Ärzte und Pastoren haben mir gegenüber schon Geständnisse gemacht, bei denen die Klickhuren in der Lokalzeitung sich an ihrer eigenen Zunge verschluckt hätten. Aber wie es im Heimatland von Mr. Trump heißt: »Was in Vegas passiert, bleibt in Vegas.«

Als ich heute früh zur Arbeit ging, konnte ich schon aus der Ferne die Lichtergirlanden über der Alten Brücke im Wind wehen sehen, was die Illusion erweckte, dass die ganze Stadt Schlagseite hatte. Jetzt, wo es heller geworden ist, liegt die Stadt ziemlich unversehrt da, auch wenn sie sich unter dem Gewicht von Weihnachten krümmt.

Der Messinghimmel hat langsam einen versöhnlichen Zug angenommen, und die Eissterne unten am Fenster zur Straße versetzen mich für einen Augenblick zurück in meine Kindheit. Ich weiß noch, wie meine Schwestern und ich Watte zwischen Außen- und Innenfenster legten und sie mit Wichteln, Engeln und den Hirten auf dem Felde schmückten. Der Geruch von Schweinerippe und Kümmelkohl mischte sich mit dem Duft von Hyazinthen, der durch das Haus schwebte. Der grüne Baum, die roten Vorhänge und die lila Tischdecken. Die Hitze des Holzofens, die Papa dazu brachte, mindestens einmal sein Hemd zu wechseln, ehe wir essen konnten. Der Heilige Abend war damals eine ganze Symphonie aus Sinneseindrücken.

In diesem Jahr werden die Feierlichkeiten viel schlichter ausfallen, und nicht zuletzt werden viel weniger Menschen anwesend sein.

Ich hole tief Luft und lasse sie pfeifend durch meine Nase entweichen, während ich versuche, mich nicht von dem überwältigen zu lassen, was einmal war oder hätte werden können. Es sind noch einige Stunden bis Heiligabend, und ich habe immerhin vorher noch meine Arbeit zu erledigen. Ich weiß nicht, ob andere hier in der Stadt an diesem Tag Kundschaft annehmen, aber für mich ist das zur Tradition geworden.

Ich gehe zur Eingangstür, drehe das Schild mit »geschlossen« um und kann gerade noch die Tür aufschließen, ehe auch schon der erste Kunde auftaucht. Es ist einer der festen. Ich glaube, das ist jetzt der dritte Heilige Abend hintereinander, an dem er kommt. Er wischt sich Schnee von der Mütze, hängt seinen Mantel an den Garderobenständer in der Ecke und wird während der wenigen Schritte durch den Raum gleichsam zu einem anderen Menschen. Er bewegt sich wie jemand, der mit guten Nachrichten eine Arztpraxis verlässt.

Der Mann lässt sich in den Stuhl sinken und zieht sich das Hemd aus dem Hosenbund, als ob es da unten plötzlich zu eng geworden wäre. Das ist es vielleicht auch, denn ich glaube, er hat seit seinem letzten Besuch hier bei mir zugenommen.

»Kaffee oder Tee?«, frage ich.

»Tee. Heute gehe ich«, sagt er, und wie alle, die am Heiligen Abend bei mir gewesen sind, weiß er, dass es ein Code dafür ist, ob er eine Stärkung haben möchte oder nicht.

Ich gehe in die kleine Teeküche und greife zu der Flasche Goldwasser, die ich im Sommer in Zopot gekauft habe. Erst jetzt fällt mir auf, dass es kein Wodka ist. Das war ein Versehen. Ich will nicht, dass die Männer mit einer Schnapsfahne zu ihren Frauen nach Hause kommen, aber ich kann jetzt nichts daran ändern. Ich hoffe, dass ein eventueller Geruch dadurch ausgeglichen werden wird, dass meine Kunden das Gefühl haben, dass jemand sich um sie kümmert. Die Flasche enthält Goldflocken zu 22 Karat. Etwas muss man doch springen lassen. Es ist schließlich Heiliger Abend.

»Süß«, sagt er nach dem ersten Schluck.

»Aber gut?«, frage ich.

»Gut«, sagt er.

»Same procedure as last year, Miss Sophie?«, frage ich.

»Same procedure as every year, James«, sagt er und schließt die Augen. Ich befestige die Papiermanschette um seinen Hals und nehme den Umhang vom Haken an der Wand.

Eigentlich braucht er gar keinen Haarschnitt, kurz stutzen würde reichen, aber so ist das bei vielen Kunden, die zu Heiligabend kommen. Der Friseurbesuch an diesem Tag wird zur Freistunde. Zu einer effektiven Art, sich dem Weihnachtsfrieden zu entziehen, der mit Gewalt ins Haus geholt werden soll. Ich glaube, die Frau ist noch nicht erfunden, die, egal, wie funktionell sie ihren Gatten betrachtet, diesem einen weihnachtlichen Haarschnitt verweigern würde. Was mich überrascht, ist, dass bisher keine darauf reagiert hat, dass es für ihre Männer fast leichter ist, zu Heiligabend bei mir an die Reihe zu kommen als zu irgendeinem anderen Zeitpunkt im Jahr.

Ehe ich mit dem ersten Kunden fertig bin, ist schon dreimal die Türklingel gegangen, und alle haben eine Tasse Tee dankend angenommen. Um zwölf Uhr muss ich die, denen ich bereits die Haare geschnitten habe, bitten zu gehen, damit niemand draußen auf der Straße warten muss. Um ein Uhr ist das Goldwasser alle, und erst eine Stunde nach Ladenschluss hat der letzte Kunde meinen Salon verlassen.

Ich setze mich in den Friseurstuhl, und als ich die Augen schließe und den Tag um mich herum zur Ruhe kommen lasse, kommt es mir fast vor, wie beim Abendmahl in der Kirche den Kopf zu senken und Jesu Leib und Blut in mich aufzunehmen. Ein Gefühl der Seligkeit breitet sich in meinem ganzen Körper aus, und ich bleibe so sitzen, bis es draußen dunkel wird, dann schalte ich die Weihnachtssterne im Schaufenster ein und schließe die Tür hinter mir ab. Unter den Torbögen der Alten Brücke hängen die weißen Pappglocken wie ausgebleichte Tierschädel. Sie rascheln nur leise im Wind, aber für mich ist es der volltönende Klang der Weihnacht, die eingeläutet wird. Ich laufe durch die Stadt und bin plötzlich auf seltsame Weise dankbar, weil ich dieses Fest nicht mit meinen Schwestern und ihren verschiedenen Familienkonstellationen verbringen muss.

Bei der Wohn- und Serviceeinheit, wo Mama ihre Wohnung hat, bleibe ich stehen und wische mir ein wenig Schnee aus dem Gesicht. Denke, dass ich seit langer Zeit nicht so nah an eine Liebkosung herangekommen bin. Dann fahre ich mit dem Fahrstuhl in den ersten Stock, klopfe an ihre Wohnungstür und gehe hinein.

»Ach, du bist das«, sagt sie und scheint sich darüber zu freuen, auch wenn ich nie wissen kann, ob sie mich wirklich als ihren einzigen Sohn erkennt oder ob sie mich für einen Angestellten hält.

»Ja«, sage ich und hänge meinen Mantel auf. An der Wand neben dem Spiegel am Eingang hängt das Hochzeitsbild meiner Eltern, und ich bleibe stehen und sehe mir ihre Gesichter an, wie immer. Sie sehen beide aus wie auf einem Filmplakat aus den 50er Jahren. Meine Schwestern und ich sind bestimmt adoptiert worden, mit unserem gedrungenen Körperbau und unseren kurzen Hälsen.

»Wer ist das?«, fragt sie, nachdem sie mit ihrem Rollator neben mich getreten ist.

»Das bist du«, sage ich und zeige darauf. »Und das da ist dein Mann.«

»Ja, jetzt sehe ich das auch«, sagt sie, und so, wie sie den Blick weiterhin auf das Foto richtet, ist mir klar, dass sie das wirklich tut.

Ich schlucke und schlage die Augen nieder. Weiß nicht, was schlimmer ist, diese kleinen Augenblicke der Klarheit oder die, in denen sie schwankend an der Grenze zu einem Land steht, in dem es niemals Tag oder Nacht wird.

»Wo ist er denn?«, fragt sie.

»Wen meinst du?«, frage ich.

»Deinen Vater.«

Jetzt weiß ich nicht, was ich sagen soll. Zuerst verspüre ich eine Art Freude darüber, dass sie mich offenbar als ihren Sohn erkennt, dann eine Trauer, weil sie sich nicht daran erinnert, dass Papa seit zwanzig Jahren tot ist.

»Kannst du mich schön machen?«, fragt sie dann, ehe ich etwas sagen kann. In ihrem Fernseher wünschen Donald Duck und seine Freunde fröhliche Weihnachten, und ich denke daran, wie oft wir als Kinder diese Sendung gesehen haben. Damals, als die Pole der Welt aus Mama und Papa bestanden.

»Natürlich«, sage ich, gehe ins Badezimmer und hole Haarspray, Bürste, Klammern, eine Sprühflasche und ein Handtuch, und dann bitte ich sie, sich auf einen Küchenstuhl zu setzen.

Ihre Haare sind wie Watte, und ich denke, dass sie sich langsam in einen Engel verwandelt. Und gerade jetzt, hier, wünsche ich, sie könnte einfach wegfliegen, von uns gehen, während die Erinnerung an Papa sie ebenso solide umgibt wie die Wände eines Hauses. Und ich denke, es ist seltsam, wie die Lebenden in unserem Leben kommen und gehen und manchmal für immer verschwinden können, während die Toten in uns einziehen, um zu bleiben.

»Henrik ist so ein flotter Mann. Hoffentlich ist er nicht enttäuscht, wenn er mich wiedersieht«, sagt sie. Ich gebe keine Antwort, denn ich weiß nicht, was ich sagen soll. Verstehe nicht, ob das eine Warnung sein soll, oder ob sie wirklich glaubt, dass mein Vater jeden Moment zur Tür hereinkommen kann.

Ihre Hand schießt unter dem Umhang hervor und schließt sich um mein Handgelenk. Ihre Hand ist gebrechlich und verletzlich. Die Haut ist fast durchsichtig, und die Adern auf dem Handrücken gleichen den Längengraden auf einer Landkarte.

»Du konntest schon immer gut mit Haaren umgehen, du«, sagt sie. »Schon als du klein warst. Haare und Kleider. Henrik und ich haben oft darüber gesprochen. Aber du weißt, die Welt war damals viel jünger. Jetzt sind andere Zeiten. Du musst mich loslassen. Wagen, auf dich selbst zu vertrauen.«

Auch ihre andere Hand findet den Weg unter dem Handtuch hervor. Ihre Hände haben nichts Zerbrechliches mehr. Sie sehen aus wie zwei Herzen, die nebeneinander in meinen Schoß gelegt worden sind. Plötzlich fällt mir eine Zeile aus einem Lied ein, das sie oft gesungen hat: »Nicht der Weg vorwärts ist wichtig, sondern alle Orte, die man unterwegs nicht aufsucht.« Was sie eben gesagt hat, ist eigentlich das genaue Gegenteil. Es steht nicht fest, ob sie mich morgen auch erkennen wird, aber heute Abend lasse ich das mein Weihnachtsevangelium sein.

Aus dem Norwegischen übersetzt von Gabriele Haefs

Selma Lagerlöf

Der Traumpfannenkuchen

Am Silvesterabend ging die Pfarrerstochter ganz spät die Anhöhe hinunter, die zum Brauhaus führte, wo die Großmutter, Frau Beata Spaak, seit vielen Jahren wohnte. Maja Lisa führte die Kleine an der Hand, und man konnte schon von weitem hören, dass sie unterwegs waren, denn so oft sie den Weg verfehlten und in den Schneewall einsanken, schrien sie laut auf.

Es war neblig und stockdunkel, und am Himmel leuchtete weder Mond noch Stern. Hätte es nicht hinter der Großmutter Fensterladen hell hervorgeschimmert, dann hätten sich die beiden wohl kaum bis zum Brauhaus zurechtfinden können.

In dieser Weihnachtszeit wurden unbeschreiblich viele Gesellschaften gegeben, sowohl bei den Bauern als bei den Herrschaften, so viele, dass die Tage fast nicht ausreichten, und so war den Pfarrleuten schließlich nichts anderes übrig geblieben, als auch am Silvesterabend fortzufahren. Aber Mamsell Maja Lisa war wie gewöhnlich zu Hause gelassen worden. Es hieß, sie müsse daheim bleiben und dafür sorgen, dass das Gesinde eine ordentliche Mahlzeit mit Fisch und Grütze ganz wie am Heiligen Abend bekomme. Als ob die alte Haushälterin das nicht ebenso gut hätte besorgen können!

Aber die Pfarrerstochter war deshalb doch in ausgezeichneter Laune. Am Vormittag hatte sie der Kleinen Märchen erzählt und Lieder vorgesungen, und die Kleine war sicherlich noch niemals so vergnügt gewesen.

Nach dem Abendbrot hatte Mamsell Maja Lisa erklärt, sie habe noch ganz und gar keine Lust, schlafen zu gehen; heute am Silvesterabend wolle sie wenigstens, ehe sie zu Bett gehe, einen Versuch machen, etwas von der Zukunft zu erfahren. Und dann hatte sie die Kleine gefragt, ob sie einen Traumpfannenkuchen mit ihr backen wolle.

Die Kleine wusste absolut nicht, was ein Traumpfannenkuchen war, hatte aber sofort ja gesagt; und sie würde selbstverständlich auch ja gesagt haben, wenn Mamsell Maja Lisa gefragt hätte, ob sie eine Suppe aus Kreuzottern mit ihr kochen wolle.

»Aber du darfst die ganze Zeit über, während wir den Traumpfannenkuchen machen, weder lachen noch sprechen«, sagte die Pfarrerstochter. »Und du darfst auch nicht das kleinste bisschen davon auf den Boden fallen lassen, weder vom Wasser noch vom Mehl, noch vom Salz.«

Ach, wenn das alles sei, meinte die Kleine, sie könne schweigen und ernsthaft sein, so lange man es verlange.

Dann aber waren sie in großer Not gewesen. Denn der Traumpfannenkuchen musste von drei Personen gemacht werden, sonst war es nichts, und die Pfarrerstochter wusste nicht, wo sie eine dritte Person dazu herbekommen sollte.

Sie gingen in die Küche und fragten, ob eine von den Mägden einen Traumpfannenkuchen mit ihnen backen wolle. Aber die Mägde schlugen nur die Hände über dem Kopf zusammen und sagten rundweg nein, sobald sie hörten, um was es sich handelte. Dieses Zeug hatten sie früher schon probiert; aber wenn man diesen Pfannenkuchen gegessen habe, könne man weder schlafen noch träumen; niemand solle sie verführen, ein solches Gericht je wieder zu versuchen.

Die Pfarrerstochter überlegte eine Weile, dann sagte sie:

»Wir müssen zu Großmutter hinüber und sie bitten, uns zu helfen.«

Und aus diesem Anlass waren die beiden in der finstern Neujahrsnacht draußen und suchten den durch die Schneewehen geschaufelten Weg zu finden.

Die Pfarrerstochter meinte, diese Nacht sei gerade so, wie sie sein solle; eine Neujahrsnacht müsse dunkel und unergründlich sein, sie sei wie die Zukunft, in die man auch nicht hineinsehen könne.

Großmutter wohnte in einer Giebelstube oben im Brauhaus. Das schwierigste für die beiden war, sich die Treppe hinaufzutasten, die mit schmalen, ausgetretenen, dicht beschneiten Stufen in Absätzen außen an der Mauer hinaufführte; es war fast lebensgefährlich.

Aber auf Lövdala musste man sich an das Gehen in der Dunkelheit gewöhnen; ausgenommen für Stall und Scheune durften für Laternen keine Kerzen von der Pfarrfrau gefordert werden.

Großmutter musste indes die Gäste gehört haben; denn als diese die Treppe halb droben waren, kam sie heraus und machte die Tür auf. Und drinnen brannte der dreiarmige Leuchter auf dem Tisch vor dem Sofa, und im Ofen flackerte ein lustiges Feuer.

Die Großmutter war groß und mager und sah gebrechlich aus. Die Pfarrerstochter sah ihr gar nicht ähnlich, und das war auch nicht möglich, denn Großmutter war nur die Stiefmutter von Maja Lisas verstorbener Mutter; aber sie hätte die Pfarrerstochter nicht lieber haben können, wenn sie ihr eigenes Fleisch und Blut gewesen wäre.

Es war, als verstehe sich Frau Beata auf ganz besondere Künste, denn wie es auch anderswo sein mochte, hier in ihrem Zimmer war es immer warm und behaglich und immer wie ausgeblasen. Sie hatte nur ein Zimmer, in dem sie schlief und auch kochte; aber ihr Bett mit dem weißen Vorhang, der von einer vergoldeten Stange herunterhing, war nur ein weiterer Schmuck für das Zimmer, und dasselbe konnte man auch von ihren glänzenden Kupferkasserollen und Porzellantellern auf dem Geschirrbort sagen.

Und sie selbst sah auch zierlich und vornehm aus; aber ihre Hände hatte die Gicht arg mitgenommen, die Finger waren gekrümmt, und sie konnte sie nicht biegen. Wenn man ihr die Hand reichte, war das eine schwierige Sache, und man wusste nicht recht, wie man es angreifen sollte.

Als die Pfarrerstochter ihr Anliegen vorbrachte, lachte die Großmutter sie ein wenig aus, sagte aber doch gleich, ja, sie wolle mittun, sie warte allerdings immer auf jemand und möchte wohl wissen, ob er in diesem neuen Jahre komme.

Da war es natürlich am besten, sie blieben gleich bei der Großmutter und backten da den Traumpfannenkuchen.

Zuerst nahmen sie von dem kleinen Bort hinter dem Herd eine Schüssel herunter; alle drei hielten die Schüssel am Rand fest und stellten sie so auf den kleinen Küchentisch.

Dann mussten sie einen hölzernen Löffel haben; und alle drei gingen miteinander an das Eckschränkchen, das Großmutter als Speisekammer diente, um den Löffel zu holen. Und alle drei hielten den Löffelstiel fest, als sie ihn zum Tisch hintrugen und auf die Schüssel legten.

Dann gossen sie drei Löffel Wasser in die Schüssel; und alle drei holten das Wasser aus Großmutters Kupfergelte, und keines sprach ein Wort, keines lachte, während sie das taten.

Als dies getan war, schütteten sie drei Löffel voll Mehl in das Wasser; dabei hielten alle drei den Löffel und steckten ihn miteinander in die Mehltonne, alle drei hoben das Mehl heraus und schütteten es auch in das Wasser. Keines ließ den Löffel los, keines sprach, keines lachte und keines ließ auch nur das kleinste Stäubchen Mehl auf den Boden fallen.

Dann schöpften sie drei Löffel voll Salz hinein.

Und auch jetzt sprach keines ein Wort, keines lachte und keines verstreute auch nur das kleinste Körnchen Salz.

Aber ist es zu glauben? Als sie so weit gekommen waren, fragte Großmutter, ob man Schmalz in die Pfanne tun solle.

Im selben Augenblick jedoch, wo sie das sagte, schleuderte die Pfarrerstochter den Löffel weg, warf sich auf einen Stuhl und brach in lautes Lachen aus. Die Kleine hielt zwar den Löffel fest, bekam aber einen so fürchterlichen Lachkrampf, dass sie nicht mehr stehen konnte, sondern sich auf dem Boden kugelte und gar nicht wieder zu lachen aufhören konnte.

Großmutter verzog nur den Mund ein wenig. Sie hätte sich vielleicht nicht zu versprechen brauchen; aber sie dachte an alte Zeiten und wusste, wenn beim Backen des Traumpfannenkuchen nicht irgendein kleines Missgeschick passierte, dann war kein Spaß dabei.

Ach, und es war ihr so lieb, wenn die Pfarrerstochter ihren Kummer vergaß und ein wenig lachte.

Als die beiden sich endlich gefasst hatten, beschlossen sie, wieder von vorne anzufangen; denn jetzt taugte das, was bisher geschehen war, nichts mehr, und sie mussten alles ganz von vorne an noch einmal machen.

Aber jetzt war es nicht mehr so leicht, denn nun waren sie schon in lächeriger Laune.

Zuerst gossen sie drei Löffel Wasser in die Schüssel.

Weiter kamen sie nicht, schon mussten sie wieder lachen. Und die Pfarrerstochter war am schlimmsten; bei der Kleinen war es lange nicht so gefährlich wie bei Maja Lisa.

Gute fünf Minuten lang konnte sie sich gar nicht wieder fassen.

Doch dann sagte die Pfarrerstochter, jetzt müssten sie aber ordentlich sein, sonst würden sie mit dem Pfannenkuchen vor Mitternacht nicht fertig.

»O, es würde ganz gut gehen, wenn nur du ernsthaft sein könntest«, sagte die Großmutter.

Zuerst gossen sie das Wasser hinein, dann das Mehl, dann das Salz, und dann rührten sie alles gut durcheinander. Und alle drei hielten den Löffel, als sie alles umrührten, und keines lachte, keines sprach ein Wort, keines verschüttete das kleinste bisschen auf den Boden.

Als nun der Teig gut verschafft war, legten sie ihn in die Bratpfanne. Aber der Pfannenkuchen sah nicht appetitlicher aus als der Mischmasch, den man den Hühnern und Schweinen zusammenrührt. Überdies war er ganz steif und hart und glitzerte von dem vielen Salz, das darinnen war.

Nun stellten sie die Pfanne aufs Feuer und ließen den Pfannenkuchen auf der einen Seite backen, dann wurde er umgedreht. Und immer hielten alle miteinander den Löffel, alle drei halfen den Kuchen umwenden, und keines ließ den Löffel fallen.

Dann war der Traumpfannenkuchen fertig und sollte gegessen werden.

Jetzt waren die Pfarrerstochter und die Kleine im höchsten Eifer, und es war keine Gefahr mehr, dass sie losplatzen würden. Sie dachten nur noch daran, dass sie vielleicht in die Zukunft sehen durften, und diese große Gelegenheit wollten sie gewiss nicht verscherzen.

Der Traumpfannenkuchen glänzte vor lauter Salz, und es gehörte ordentlich Mut dazu, hineinzubeißen. Aber sie teilten ihn in drei Teile, und dann aßen sie, so gut es eben ging.

Die Kleine aß ihren Teil auf, weil sie begriff, dass es sein musste, und sie alle Vorschriften genau befolgen wollte, Großmutter nahm nur ein ganz kleines Stückchen, und es ist nicht sicher, ob sie selbst dieses hinunterwürgte. Die Pfarrerstochter aß einen Mund voll. Aber so gerne sie auch in die Zukunft sehen wollte, sie war nicht imstande, noch einen einzigen weiteren Bissen hinunterzubringen.

Die beiden jungen Menschenkinder waren wie ein wenig enttäuscht von dem Traumpfannenkuchen, aber jedenfalls sprach keines ein Wort. Sie winkten der Großmutter nur gute Nacht zu, und diese stand schweigend oben an der Tür und leuchtete ihnen die Treppe hinunter.

Die paar Schritte über den Hof liefen sie, so rasch sie konnten, denn jetzt war es, als sei die Nacht gar nicht mehr so dunkel und unergründlich. Sie war bereit, ihren Vorhang wegzuziehen und ihnen ihre Geheimnisse zu zeigen; aber sie wagten nicht, stehen zu bleiben, um zu sehen.

Als die beiden sich durch die Küche schlichen, waren die Mägde schon zu Bett; aber selbstverständlich riefen ihnen alle miteinander zu, wie es gegangen sei: Ob sie schon geträumt hätten, und wer ihnen im Traum erschienen sei? Aber sie brachten kein Wort aus ihnen heraus, weder aus Mamsell Maja Lisa, noch aus der Kleinen.

Die Kleine schlief ein, sobald sie den Kopf aufs Kissen legte, und schlief bis zum nächsten Morgen. Als sie erwachte, hatte sie einen scharfen Geschmack im Munde; aber so große Mühe sie sich auch gab, sie konnte sich doch nicht erinnern, ob sie etwas geträumt hatte.

Großmutter hatte die ganze Nacht nicht geschlafen, war aber dann das ganze Neujahrsfest hindurch still und schweigsam und wie in einem Traum befangen; es war, als habe jedenfalls sie etwas erfahren.

Die Pfarrerstochter konnte lange nicht einschlafen, weil sie brennenden Durst litt; aber etwas trinken, ehe man geschlafen hatte, das durfte man doch beileibe nicht, sonst war alles umsonst gewesen.

Als sie am Morgen erwachte, konnte sie sich zuerst nicht klar darüber werden, ob ihr etwas geträumt hatte.

Aber später am Tage ging sie zufällig einmal durch den Flur und trat auf die Freitreppe hinaus.

Und da hielt sie plötzlich an; denn nun fiel ihr ein, dass sie in der Nacht im Traume ganz auf demselben Platz gestanden hatte. Und da waren in ihrem Traume zwei Fremde, ein junger und ein alter, auf dem Sandweg dahergekommen. Und der Alte hatte gesagt, er sei der Propst Liljecrona und komme mit seinem Sohne, um sie zu fragen, ob sie durstig sei und gerne einen Trunk Wasser wolle.

Und sofort war der junge Mann mit einem Glas hellem frischem Wasser in der Hand vorgetreten und hatte es ihr angeboten.

Als aber die Pfarrerstochter sich daran erinnerte, erschrak sie, und sie zitterte am ganzen Leibe.

Denn das ist sicher und gewiss: Wer einem, nachdem man einen Traumpfannenkuchen gebacken hat, im Traum ein Glas Wasser anbietet, den heiratet man.

Aus dem Schwedischen übersetzt von Pauline Klaiber-Gottschau

Verzeichnis der Autorinnen und Autoren, Texte und Druckvorlagen

Alle mit einem * versehenen Texte wurden behutsam modernisiert.

Hans Christian Andersen (1805–1875)
7 (1) Motto
9 (2) Der Schneemann*
103 (3) Der Tannenbaum*
131 (4) Die Schneekönigin*
H. C. A.: Gesammelte Werke. Bd. 24: Neue Märchen und Geschichten. Verlag Joh. Fr. Hartknoch: Leipzig 1875. S. 4. (1)
H. C. A.: Märchen und Geschichten. Übers. und hrsg. von Heinrich Detering. Stuttgart: Reclam, 2019. S. 335–341 (2), S. 142–152 (3), S. 155–192 (4).

Anonym
117 (1) Die Mühle auf dem Meeresgrund*
169 (2) Lippo und Tapio*
Nordische Volksmärchen. Bd. 1: Dänemark. Schweden. Übers. von Klara Stroebe. Jena: Eugen Diederichs, 1915. S. 108–123. (1)
Finnische Märchen. Übers. und hrsg. von Emmy Schreck. Weimar: Hermann Böhlau, 1887. S. 10–13. (2)

Peter Christen Asbjørnsen (1812–1885) / Jörgen Moe (1813–1882)
83 (1) Das Kätzchen auf Dovre*
115 (2) Wie der Fuchs den Bären ums Weihnachtsessen prellt*
P. C. A. / J. M.: Norwegische Volksmärchen 1–2. Übers. von F. Bresemann. Berlin: Hans Bondy, 1908. S. 135 f. (1), S. 88–90 (2).

Knut Hamsun (1859–1952)
125 Weihnachtliches Gelage
Übers. von Gabriele Haefs. Original in: K. H.: Julegilde (fra samlingen Siesta). Gyldendal Norsk Forlag, 1897.

Alfred von Hedenstjerna (1852–1906)
51 Der Lebenslauf eines Hundertkronenscheins*
A von H.: So ist das Leben. Ein neues Geschichtenbuch. Leipzig/Berlin, Heimatverlag, 1900 S. 1–15.

Levi Henriksen (geb. 1964)
175 Die Reisen, auf die man geht
Übers. von Gabriele Haefs.
Originalbeitrag. Mit freundlicher Genehmigung von Levi Henriksen.

Selma Lagerlöf (1858–1940)
17 (1) Die Legende vom Luciatag*
85 (2) Der Sturm*
183 (3) Der Traumpfannenkuchen*
S. L.: Weihnachtsgeschichten. Stuttgart: Reclam, 2021. S. 11–33 (1), S. 34–49 (2), S. 135–141 (3).

Philip Newth (geb. 1939)
59 Wie nichts auf dieser Erde
Übers. von Andreas Brunstermann.
Originalbeitrag. Mit freundlicher Genehmigung von Philip Newth.

Regine Normann (1867–1939)
77 Das lästige Geschenk
Übers. von Dörte Giebel.
Originaltext in: R. N.: Min hvite gut og andre fortællinger. Oslo: Aschehoug, 1922. S. 34–40.

Gerd Rindel (geb. 1941)
41 Klaras Stern
Originalbeitrag. Mit freundlicher Genehmigung von Gerd Rindel, Søborg

Ingeborg Maria Sick (1858–1951)
69 Weihnachten in Kakola*
I. M. S.: Mathilda Wrede. Ein Engel der Gefangenen. Übers. von Pauline Klaiber-Gottschau. Stuttgart: J. F. Steinkopf, 1940. S. 167–176.

RECLAM TASCHENBUCH Nr. 20688
2022 Philipp Reclam jun. Verlag GmbH,
Siemensstraße 32, 71254 Ditzingen
Umschlaggestaltung: Philipp Reclam jun. Verlag GmbH
Umschlagabbildung: Carl Larsson, Kerstis Schlittenfahrt (1901) akg-images
Umschlagmaterial: PEYVIDA puro 270 g/m^2, peyer graphic gmbh
Druck und Bindung: GGP Media GmbH,
Karl-Marx-Straße 24, 07381 Pößneck
Printed in Germany 2022
RECLAM ist eine eingetragene Marke
der Philipp Reclam jun. GmbH & Co. KG, Stuttgart
ISBN 978-3-15-020688-1

Auch als E-Book erhältlich

www.reclam.de

FSC www.fsc.org
MIX
Papier aus verantwortungsvollen Quellen
FSC® C014496